In dieser Reihe sind
bisher erschienen:

Richtig Badminton
Richtig Basketballspielen
Richtig Bergsteigen
Richtig Freiklettern
Richtig Fußballspielen
Richtig Golf
Richtig Jogging
Richtig Jonglieren
Richtig Karate
Richtig Muskeltraining
Richtig Paragliding
Richtig Reiten
Richtig Rennradfahren
Richtig Schwimmen
Richtig Segeln
Richtig Segelsurfen
Richtig Skifahren
Richtig Skilanglaufen
Deutsche Skischule
Richtig Stretching
Richtig Squash
Richtig Taekwondo
Richtig Tanzen 1
Richtig Tanzen 2
Richtig Tauchen
Richtig Tennisspielen
Richtig Tischtennis
Richtig Walking
Richtig Wildwasserfahren
Richtig Yoga

Fred Karbstein

Richtig
Paragliding

**BLV
SPORTPRAXIS
TOP**

Die Deutsche Bibliothek –
CIP-Einheitsaufnahme

Karbstein, Fred:
Richtig Paragliding / Fred Karbstein. –
München ; Wien ; Zürich : BLV, 1996
   (BLV Sportpraxis : Top)
   ISBN 3-405-14989-4

Bildnachweis

Alle Fotos einschließlich Umschlagfotos
vom Autor
Zeichnungen Jörg Mair

BLV Verlagsgesellschaft mbH
München Wien Zürich
80797 München

BLV Sportpraxis Top

© BLV Verlagsgesellschaft mbH,
München 1996

Das Werk einschließlich aller seiner Teile
ist urheberrechtlich geschützt. Jede Ver-
wertung außerhalb der engen Grenzen
des Urheberrechtsgesetzes ist ohne Zustim-
mung des Verlags unzulässig und strafbar.
Das gilt insbesondere für Vervielfältigun-
gen, Übersetzungen, Mikroverfilmungen
und die Einspeicherung und Verarbeitung
in elektronischen Systemen.

Herstellung und DTP: Rosemarie Schmid
Satz: Satz & Layout Fruth GmbH, München
Druck: Appl, Wemding
Bindung: Conzella, Urban Meister,
München

Gedruckt auf chlorfrei gebleichtem Papier

Printed in Germany · ISBN 3-405-14989-4

Fred Karbstein,
Jahrgang 1962, ist Krankenpfleger für
Anästhesie und Intensivmedizin. Als
Extrembergsteiger kam er 1984 zum
ersten Mal mit dem Gleitschirm in Berührung. Seit 1991 ist er staatlich geprüfter
Gleitschirmlehrer und als selbständiger
DHV-Fluglehrer tätig. Der ehemalige Wett-
kampfflieger in der Deutschen Gleitschirm-
liga und Teilnehmer am internationalen
Paragliding Worldcup arbeitete an mehreren Publikationen zum Thema Gleitschirmfliegen mit, auch als Fotograf.

Schriftliche und bildliche Darstellungen
dieses Buches erfolgten nach bestem
Wissen und Gewissen des Autors.
Jeder Leser ist aufgefordert, in eigener
Verantwortung zu entscheiden, inwie-
weit er die empfohlenen Anleitungen
für sich anwenden kann. Eine Haftung
wird nicht übernommen.

Inhalt

Mehr als nur ein Vorwort   *7*

Einführung   *8*

Körper und Geist   8
Zeitaufwand   8
Ausbildungskosten   9
Ausrüstungskosten   9

Geschichte   *10*

Gerätekunde   *13*

Konstruktion   13
Segelmaterial   13
Kappe   15
Fangleinen   17
Steuerleinen   17
Gurtzeug   18
Karabiner   19
Kreuzverspannung   19
Rückenprotektor   19
Kontrollen   20
Rettungsschirm   20
Helm   21
Sonnenschutz   21
Schutzbekleidung   23
Schuhe   23
Fluginstrumente   23
Erste-Hilfe-Ausrüstung   24

Flugpraxis   *25*

Start   25
Richtige Einstellung des Gurtzeugs   38
Flug   40
Kurven   41
Landung   42
Verpacken des Schirms   45

Aerodynamik   *47*

Luft   47
Totale Luftkraft   47
Druck- und Schwerpunkt   48
Stationärer Gleitflug   49
Profil   51
Auftrieb   52
Widerstand   54
Streckung   56
Auftriebsverteilung   57
Hebelarm und Stabilität   57
Steuerung   58
Stationärer Kurvenflug   58
Gewichtsverlagerung   60
Steuerleineneinsatz   60
Leistungsmerkmale für den Gleitschirm   60
Extremflugzustände   62
Notabstieg   65

Wetterkunde   *67*

Die Atmosphäre   67
Die Wetterschicht   67
Luftdruck   69
Windrichtung und Windgeschwindigkeit   71
Wasser in der Troposphäre   71
Adiabatische Vorgänge   72
Der Motor des Wetters   73
Thermik   75
Überlegungen zur Stabilität des Wetters   76
Gewitter   76
Fronten   77
Die Idealzyklone   78
Wolkenklassifikation   86
Lokale Windsysteme   87
Föhn   90

Inhalt

Luftrecht 93

Was ist ein Gleitschirm? 93
Der Flugschüler 93
Flugschulen 95
Ausbildungsweg 95
Der Luftsportgeräteführer 96
Fluggelände 97
Gesetzlicher Flug 98
Flugausrüstung 102

Flugfunk 105

Funkwellen 105
Frequenzen für Piloten 107
Funktelefon 107

Flugunfälle 108

Maßnahmen am Unfallort 108
Höhenluft und Höhenkrankheit 113
Notlandungen 114
Landefall 116

Die Umwelt 117

Pflanzen- und Tierwelt 117
Forstpersonal und Jäger 119
Jäger und Gejagte 120
Gleitschirmflieger und Greifvögel 121

Besondere Flugformen 122

Start mit der Seilwinde 122
Doppelsitzergleitschirm 123
Motorgleitschirm 125
Gleitschirmfliegen und Bergsteigen 126

Adressen 127

Vorwort

Mehr als nur ein Vorwort

In Gedanken wählte ich mehrmals die Bezeichnung »märchenhafte Freiheit«, um das Paragliding zu charakterisieren. Doch so schön der Begriff Freiheit ist, so fragwürdig ist er auf der anderen Seite.
Jahrelang wurde der Gleitschirmsport zwischen zwei Argumenten hin und her gezerrt. Die eine Seite sah durch die rosarote Brille: »Gleitschirmfliegen ist die am leichtesten zu erlernende Flugsportart.« Oder: »Die grenzenlose Freiheit.« Die andere attestierte den Paraglidern angesichts der Berichte von tödlichen Abstürzen schlichtweg Todessehnsucht.
Sie können Ihre Erwartungshaltung prüfen. Dieses Buch beansprucht nicht, einen ausgefeilten Piloten aus Ihnen zu machen. Die Lerninhalte beschränken sich vielmehr auf das notwendige Wissen im ersten Gleitschirmfliegerjahr bzw. auf alles, was Sie mit dem neuen Sportgerät vertraut werden läßt.
Das Buch arbeitet mit Ihnen, vom leichten zum anspruchsvolleren Wissen, es baut Sie stufenweise auf. Das bedeutet aber nicht, daß Sie linear arbeiten müssen. Die Kapitel sind in sich abgeschlossen, so daß Sie kreuz und quer lesen können. Und wenn Sie das Buch gelesen haben, können Sie entscheiden, ob Sie Gleitschirmfliegen lernen wollen.

An dieser Stelle sei es mir erlaubt, mich bei meinen Freunden zu bedanken, ohne die dieses Buch nicht so schnell gewachsen wäre. Ich danke – für die vielen Korrekturstunden und die Unterstützung – Claudia, Holger, Peter, Stephan und meinem Vater.

Fred Karbstein

»Ich lief langsam gegen den Wind, und plötzlich fühlte ich die hebende Kraft. Im nächsten Augenblick verlor ich den Boden unter den Füßen und glitt durch die Luft sanft bergab... Das Gefühl beim Fliegen ist höchst beglückend und ganz unbeschreiblich!«
(Irvin Wood nach seinen ersten Gleitflügen unter der Anleitung von Otto Lilienthal im Jahre 1896)

Einführung

Einführung

Mittlerweile gibt es tatsächlich mehr ausgebildete Gleitschirmflieger als Hängegleiterpiloten (Drachenflieger). Am Jahresende 1995 durften genau 21 631 Piloten einen Gleitschirm fliegen. Im Gegensatz dazu waren nur 16 550 Hängegleiterpiloten gemeldet.
Böse Zungen zählen die Hängegleiter schon zu einer »aussterbenden Vogelart«. Die Wirklichkeit sieht anders aus. Tatsächlich ist der Hängegleitersport aufwendiger, doch die meisten dieser Piloten bleiben ihrem Fluggerät treu. Im Gegensatz dazu gibt es eine beachtliche Zahl Gleitschirmflieger, die den Flugsport hinter sich gelassen haben und nicht mehr fliegen. Diese Piloten verfälschen die Zahlenstatistik. Da bleiben nur vorsichtige Schätzungen über die Flugbewegungen. Es sollen annähernd gleichviel aktive Gleitschirm- wie Hängegleiterpiloten sein. Nur etwa 3000 Gleitschirmpiloten fliegen 2–3mal die Woche. Aber wer weiß, wie viele tatsächlich mehr als 100 Flugstunden im Jahr erreichen.

Körper und Geist

Wie fühlen Sie sich? Laufen Sie ab und zu? Trainieren Sie Ihre Kondition? Das sollten Sie. Gleitschirmfliegen verlangt eine allgemeine Fitneß. Ein Gleitschirmpilot trainiert Bewegungsabläufe, die überkreuztes Denken und Koordinationsfähigkeit erfordern. Ein ausgeglichener Mensch lernt am besten. Außerdem ist Ausgeglichenheit ein Sicherheitspolster für die spätere Entwicklung des Gleitschirmfliegers. Die größte Gefahr des Piloten ist er selbst – die Sache mit der Selbsteinschätzung.
Fachwissen und gewachsene Erfahrung schmälern die Sicherheitsüberlegungen und lähmen die Selbstkritik. Dies ist ein nicht zu unterschätzendes Unfallrisiko für den Jungpiloten. Erfahrungsgemäß steigt das Unfallrisiko im ersten bis zweiten Fliegerjahr beträchtlich. Das Risiko ist ähnlich hoch wie nach bestandener Prüfung für den Autoführerschein. Erst ausreichende Übung und Erfahrung bringen die Sicherheit.

Zeitaufwand

Die Ausbildung ist genau strukturiert. Der Aspirant bewegt sich durch eine Reihe geforderter Übungen. Er lernt jedoch eigenverantwortlich. Was das heißt, kennt jeder Mathematikschüler. Die eine Aufgabe löst sich leichter, und eine andere verlangt viel Übung. In der Praxis wächst ein Gleitschirmpilot in 3–6 Monaten heran.

Gleitschirmfliegen – eine besondere Fähigkeit

Anforderungen und Kosten

Ausbildungskosten

Die Ausbildungskosten liegen im Durchschnitt bei 2000 DM. Dies ist ein erheblicher Aufwand, der sicher investiert sein will.
Die meisten Flugschüler werden aufgrund einer Empfehlung zu ihrer Flugschule kommen. Das ist sicher kein schlechter Weg. Trotzdem empfiehlt es sich, nach Probeterminen oder »Schnuppertagen« zu fragen. Das ist eine recht sinnvolle Idee, um den Fluglehrer für einen Tag zu testen. So ein Schnuppertag kostet ca. 100 bis 200 DM. Sollte danach die Begeisterung füreinander entbrannt sein, ist es allgemein üblich, daß der aufgewendete Betrag zu 100 % angerechnet wird.

Ausrüstungskosten

Ein Gleitschirm, das Gurtzeug, ein Rettungsschirm, ein Flughelm, die Flugschuhe, die Kleidung und Fluginstrumente, all das kostet gut und gern an die 7000–8000 DM. Ein ganz schöner Batzen, der da im ersten Lehrjahr zu investieren ist. Aber das Fluggerät fällt ja nicht nach einem Jahr auseinander. Die meisten Piloten rechnen mit einem effektiven Jahresaufwand von 1200–1500 DM für ihren Sport. Im Vergleich wird deutlich, daß der Gleitschirmsport die günstigste Luftsportart ist. Sie ist im Jahresaufwand auch günstiger als manch andere Freizeitbeschäftigung wie etwa Skilaufen, Tennis oder Windsurfen.

Geschichte

Geschichte

Der amerikanische Ingenieur Francis Melvin Rongallo war irgendwann das Rüstungsgeschäft müde: ». . . Now it's time to get back to something for people to enjoy!« Rongallo wollte weg von komplizierten Flugzeugen. »Ich arbeitete mit Fallschirmen und dachte, es müßte doch möglich sein, einen Flügel ohne irgendein starres Bauteil zu konstruieren.«
1948 begann er mit Hilfe seiner Frau Gertrud, Kinderdrachen zu bauen. Eines Tages kam er auf die Idee, die Bodenfixierung durch ein kleines Gewicht zu ersetzen, und – der Drachen flog.
Ernsthaftes sportliches Interesse hatte der Kalifornier Barry Palmer **1961** an der Entwicklung von Rongallo, er baute und flog einen modifizierten Gleiter aus Bambusstangen und Cellophan. Rongallo flog zu dieser Zeit mit seiner Tochter einen flexiblen Gleitschirm. Beide Fluggeräte hatten jedoch keine besondere Leistung.
Die Fallschirmspringer entdeckten sehr bald das Rongallo-Prinzip. Der Sprungexperte Steve Snyder aus den USA machte **1962** den aus der Idee Rongallos konzipierten Schirm sprungtauglich.
In den goldenen Sechzigern war der Wettkampf um das Weltall entbrannt. Die USA und die UdSSR standen sich als hartnäckige Konkurrenten gegenüber. Neue Ideen waren gefragt. Die NASA benützte **1965** den flexiblen Rongallo-Gleitschirm, um die Raumkapseln gleitend den harten Erdboden erreichen zu lassen.
1966 präsentierte der Kanadier Domina Jalbert seine »Parafoil«. Jalbert war Sportpilot und flog die populäre Cesna. Bei langen Flügen träumte er davon, gewölbte Flügelprofile aus Fallschirmseide zu bauen. Kaum patentiert, war es wiederum Steve Snyder, der mit Jalberts Parafoil aus Flugzeugen sprang.
Jetzt konnten die Fallschirmspringer noch besser gegen den Wind landen, der Parafoil ermöglichte sogar 360°-Drehungen, die für den Rongallo-Schirm fast nicht möglich waren. Snyder steuerte seinen Foil über angenähte Leinen an der Hinterkante des Flügels.
Der erste Gleitschirm oder das erste Gleitsegel, wie es heute definiert wird, verdanken wir Laurent de Kalbermatten. Er prägte den Begriff »Gleitschirm«. Ende der siebziger Jahre wurde in den Westalpen an mehreren Ecken damit experimentiert.
1976 machten die Strasilla-Brüder und Andrea Kuhn die ersten Gleitflüge mit einem Schleppschirm, der noch aus Fallschirmseide bestand. Im Gegensatz dazu flogen die Jünger von Laurent mit luftdichten Stoffen, dem Spinnakertuch der Segelboote, von den höchsten Bergen rund um den Genfer See.
Doch Laurents Freunde waren nicht die ersten, die von den Berggipfeln starteten. Es war schon vor **1978**, als eine Gruppe französischer Fallschirmspringer zuwenig Geld für Flugzeuge

»Schon immer war die einfachste Lösung die beste, und schon immer hat es lange gedauert, diese Lösung zu finden. Die verbesserte Idee des Einfachen ist wohl ein Gleitschirm.«
(H. Papesch, Konstrukteur, 1990)

Geschichte

Für die um 1987 verwendeten Gleitschirme wurden sehr steile Startplätze benötigt

Geschichte

hatte. Sie wollten im »Relativfliegen« (eine Fallschirmsprungdisziplin) französischer Meister werden. Sie nutzten einen 1000 m hohen, sehr steilen Berg und brauchten Helfer, die ihnen beim Start die Schirme geöffnet in den Wind hielten.

Heimlich und in aller Stille beginnen die Franzosen Jean-Claude Béttemps und Gérard Bosson, mit Sprungfallschirmen von den französischen Bergen zu fliegen. Von **1978** bis **1985** steckten sie bis zu 600 Schüler mit ihrer Idee an.

1982 flogen sie sogar vom Montblanc aus 4807 m Höhe.

Gleitschirme waren in Deutschland bis **1984** nur vom Hörensagen bekannt. Der Drachenflug war dagegen begeistert aufgenommen worden: 1973 hatte der Amerikaner Mike Harker durch seinen spektakulären Zugspitz-Flug den Flughungrigen den Drachenflug vorgeführt. 1979 wurde der Deutsche Hängegleiterverband gegründet; erst im Jahre **1986** wurden Gleitschirmflieger mit einem Dekret geduldet.

Im April **1987** wurde das Gleitschirmfliegen offiziell in Deutschland zugelassen.

Nach der Wende und der Änderung des Deutschen Luftfahrtgesetzes wurden die Gleitschirme und Drachen im Sommer **1994** aus der einstweiligen Verfügung entlassen und offiziell zu Luftsportgeräten gemacht. Aus Gleitschirm- und Drachenfliegern wurden nach Deutschem Luftfahrtgesetz Luftsportgeräteführer.

Gerätekunde

Gerätekunde

Konstruktion

Auf den ersten Blick ist ein Gleitschirm ein einfaches Fluggerät. Er wird vornehmlich aus Kunststoffen in ca. 20 Produktionsstunden gebaut. Die Entwicklung eines Gleitschirms ist empirische Konstruktionsarbeit. In einem CAD-Computer geplant und in mühevoller Testarbeit erprobt, entwickelt sich ein Gleitschirm über Monate zum fertigen Produkt.
Bestandteile des Fluggeräts:
- Segel (Gleitschirmkappe)
- Fangleinen
- Haupttragegurte
- Bremsleinen und Bremsspinne
- Gurtzeug
- Beschleunigungssystem

Segelmaterial

Das Segelmaterial des Gleitschirms besteht aus einem dehnungsstabilen, hochfesten Nylontuch mit einer Imprägnierung, die der UV-Strahlung länger standhält. Bänder und knickstabile Kunststoffbauteile unterstützen die Flügelform und die technischen Eigenschaften des Gleitschirms.
Seine Reißfestigkeit verdankt das »Gleitschirmtuch« einer spannungsfreien Webtechnik. Zusätzlich klemmen dickere Fäden die feineren ein, um das Weiterreißen nach einer Verletzung zu erschweren (»Rip-Stop-Nylon«).
Für die Verbindung zum Piloten werden bis zu 700 m Leinen- und Nahtmaterial verarbeitet. Die Leinen sollen möglichst dünn bemessen sein; die durchschnittliche Leinendicke beträgt 1,1 mm, die Bruchlast 75 kN einfach.

Der Stoff, aus dem die Flugträume sind

Gerätekunde

Gewicht

Heute ist das Tuch an der Unterseite des Gleitschirmflügels leichter und dünner als das an der Oberseite. Grundsätzlich werden die Materialien von den Konstrukteuren so gewählt, daß sie möglichst viel Gewicht sparen und trotzdem die notwendige Festigkeit erreichen. So wiegt eine Gleitschirmkappe mit den Leinen ca. 6–9 kg, dazu kommt das Gewicht des Sitzgurts und des Rettungsschirms mit etwa 8–10 kg.

Leistungsklassen

Die Gleitschirmkonstruktionen lassen sich in Leistungsklassen einordnen, die für unterschiedliche Flugerfahrungen geeignet sind.

> Klasse 1: Anfänger und Hobbypiloten
>
> Klasse 2: Piloten mit regelmäßiger Flugerfahrung
>
> Klasse 3: leistungsorientierte Piloten

Im einzelnen werden diese Bewertungen über Tests und Prüfprotokolle ermittelt. Als Juniorpilot sollten Sie Ihre Wünsche und Fähigkeiten unabhängig von den Empfehlungen Ihres Fluglehrers genau mit solchen Angaben vergleichen, damit der Gleitschirmkauf keine Fehlentscheidung wird.

Projizierte Fläche

Mit diesem Begriff ist nicht die ausgelegte Gleitschirmfläche gemeint, sondern die Schattenprojektion eines voll gefüllten Gleitschirmflügels senkrecht auf den Boden. Die heutigen Gleitschirme sind zwischen 26 und 28 m² groß, um einen 80 kg schweren Piloten sicher zu tragen.

Streckung

Die Streckung ist ein Leistungsmaß der Konstruktion: Je größer der Wert, desto leistungsorientierter ist der Flügel.

$$\text{Streckung} = \frac{\text{Spannweite}^2}{\text{Fläche}}$$

Gewichtsklassen mit Durchschnittswerten

projizierte Fläche	24 m²	26 m²	28 m²
projizierte Spannweite	9,0 m	9,6 m	10,2 m
Streckung	3,4	3,6	3,7
Gewicht	50–70 kg	70–90 kg	90–110 kg

Segel

Flächenbelastung

Mit dem Ergebnis wird die angehängte Pilotenlast bezogen auf die Fläche angegeben.

$$\text{Flächenbelastung} = \frac{\text{Gesamtgewicht}}{\text{Fläche}}$$

Schutz durch Bauvorschriften

Alle Konstruktionsmerkmale eines Gleitschirms werden in Typenblättern vermerkt. Derzeit sind alle Gleitschirme, die ein deutscher Pilot fliegen kann, durch eine Musterzulassung nach § 4 der Luftverkehrszulassungsordnung (LuftVZO) geschützt. Jedes Bauteil und jede Funktion mußte vorher einen Festigkeitstest und umfangreiche Testflüge bestehen.
Musterprüfung und Verwaltung der zugelassenen Fluggeräte machen den Deutschen Hängegleiterverband (DHV) zum Sicherheitsbeauftragten des Bundesministeriums für Verkehr. Gefahren mit oder an einem Fluggerät werden über »NOTAM« (Nachrichten für Luftfahrer) veröffentlicht. Der Verband muß gefährliche und schadhafte Mustertypen aus dem Verkehr nehmen und erteilt »Nutzungsverbote«.

Kappe

Der Gleitschirmflügel wird als Kappe bezeichnet.
Die endgültige feste Flügelform erhält der Gleitschirm durch den Fahrtwind. Die Luft strömt durch die Eintrittsöffnungen im Bereich der Vorderkante und bläht den Flügel auf. Die Aerodynamiker beschreiben die eingeschlossene Luft als »Staudruck«.
Die Kappe ist ein System aus einzelnen Kammern, die durch Zellwände getrennt werden. Die Zellwände sind die tatsächlichen Formgeber des gewölbten Flügelprofils. Sie besitzen Öffnungen zum Druckausgleich zwischen den einzelnen Kammern. Der Druckausgleich ist wichtig für die Stabilität der Gleitsegelkonstruktion. Alle Kammern müssen immer genügend Druck erhalten.
Die Startfähigkeit eines Gleitschirmflügels ist abhängig vom Bau der Eintrittskante, sie wird an den Öffnungen und seitlich verstärkt. Auch Zellwände werden nahe der Öffnung durch festere Stoffe knickstabiler, sie halten die Öffnung in den Wind.

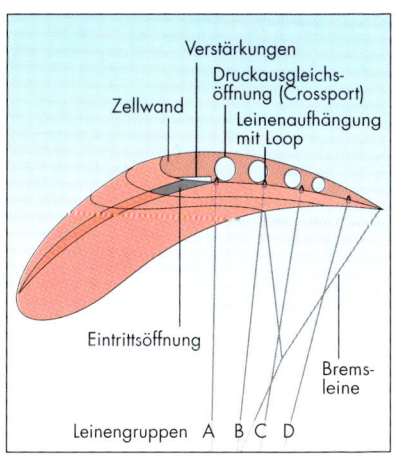

Querschnitt durch den Gleitschirmflügel

Gerätekunde

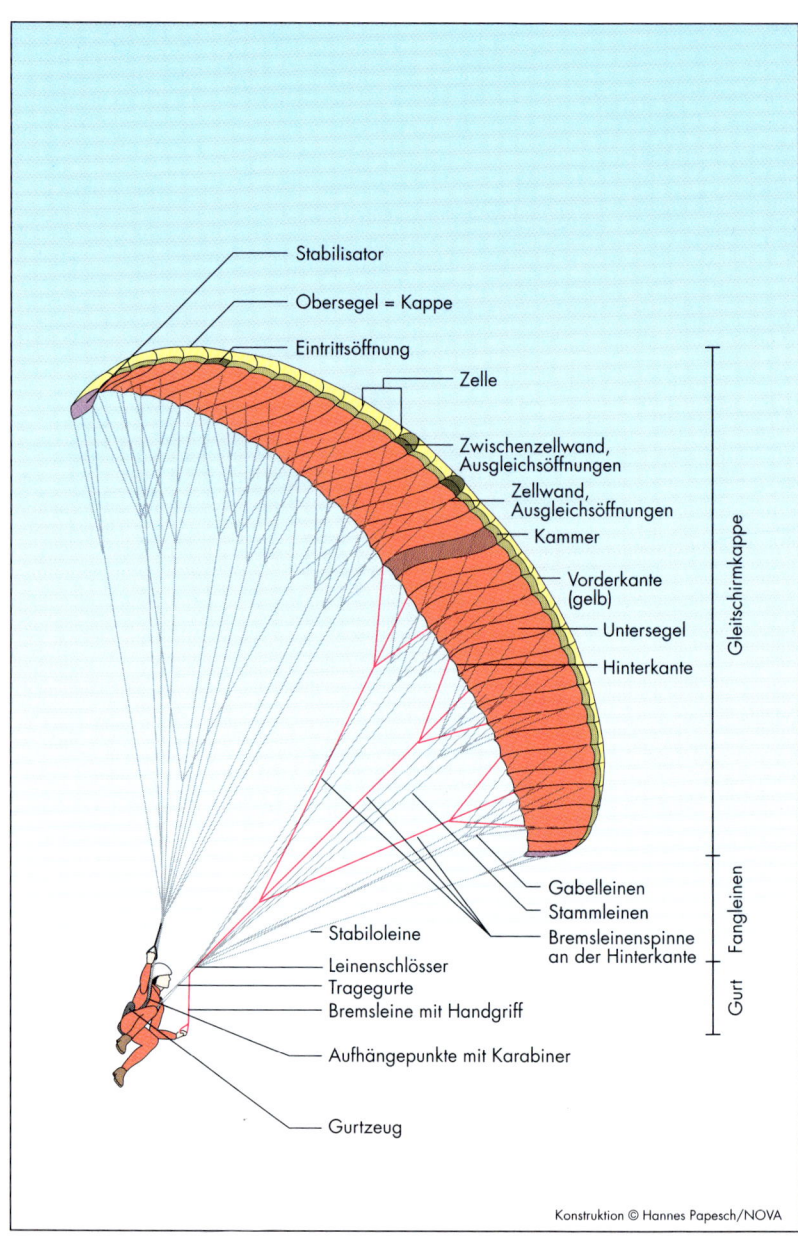

Aufbau des Gleitschirms

Leinen

Aber das allein ist nicht die Hauptaufgabe der Zellwände: Aufgenähte Bänder und kleine dreieckige Verstärkungen nehmen die Last der Fangleinen an und verteilen sie über das Tuch gleichmäßig auf die Flügelfläche. Die dreieckigen Verstärkungen heißen Flares.

Fangleinen

Leinenmaterial

Ein geflochtener Schutzmantel umgibt den festen Leinenkern. Der Kern ist ein Faserbund, der die Zugkraft aufnimmt. Spezialmaschinen haben ihn gedreht, versponnen und gepreßt. Jedes Leinenende ist zu einer Schlaufe vernäht, gespleißt oder geklebt. Alle Verarbeitungsmethoden verlangen eine aufmerksame Prüfung vor dem Flug.
Als Kernmaterial haben sich sowohl Polyethylen als auch Kevlar (Co-Aramid-Fasern) bewährt. Der Leinenmantel ist meist aus UV-beständigem Polyester.
Kevlarleinen zeigen unter Last nur eine geringe Dehnung. Sie sind aber knickempfindlich und büßen bei schlechter Handhabung schnell ihre Festigkeit ein.
Bei Co-Aramid-Leinen ist die Empfindlichkeit geringer, sie haben eine höhere Lebenserwartung. Der Nachteil: Sie dehnen sich leichter als die gleichwertige Kevlarkonstruktion. Co-Aramid-Leinen erkennt man am gelben Kern.

Leinenlänge und Trimmung

Zweck der Trimmung ist die maximale Sicherheit, auch bei gefährlichen Flugzuständen. Jedes Flugverhalten des Gleitschirms ist abhängig von der Leinentrimmung. Werden Leinen etwa extrem überdehnt oder zerstört, wird der Gleitschirmflügel seinen Neigungswinkel verändern. Der Flügel fliegt zu langsam und kann durchsacken.
Vor jedem Flug müssen daher die Symmetrie und die Länge der Leinen geprüft werden (eine Toleranz von ± 2 cm ist in jede Konstruktion eingeplant). Eigenmächtige Änderungen setzen die Musterzulassung außer Kraft!
Die normale Trimmgeschwindigkeit liegt bei ca. 40 km/h, also schneller als ein Fahrrad.

Beschleuniger

Den Tragegurten ist eine Doppelfunktion zugeordnet. Sie sind mit einem zusätzlichen Trimmsystem versehen, das wie ein Flaschenzug funktioniert und einen Gleitschirmflügel steiler trimmt – das »Gaspedal« für den Gleitschirm. Der aktivierte Beschleuniger bringt den Gleitschirm auf 50 km/h und mehr.

Steuerleinen

Mit den Steuerleinen in der Hand kann der Pilot auf die Hinterkante des Flügels Einfluß nehmen. Rechte und

Gerätekunde

linke Hinterkante können unabhängig voneinander heruntergezogen werden. Der entstehende Luftwiderstand bremst die Fluggeschwindigkeit. Ein einseitiges Anbremsen der Hinterkante zwingt den Gleitschirm in die Kurve.

Zu lang eingestellte Bremsen können zu spät ihre Wirkung zeigen. Wer mit zu kurz eingestellten Bremsen fliegt oder sie zu tief herunterzieht, kann den Gleitschirm so sehr verlangsamen, daß er durchsackt, d. h. sinkt wie ein Fallschirm. Da er aber kein Fallschirm ist, verhält er sich auch anders (siehe »Flugpraxis«).

Gurtzeug

Wie für die Gleitschirmkappe gibt es auch für das Gurtzeug Bauvorschriften. Alle Gurte durchlaufen ein Prüfverfahren und erhalten nach Feststellung ihrer Eignung eine Musterzulassung.

Die Techniker des Verbandes haben hierfür eigene Tests entwickelt. Im Mittelpunkt stehen Festigkeit und Flugsicherheit. Der Gurt sollte so gewählt werden, daß er fest sitzt und an keiner Stelle einschneidet oder drückt. Die erforderlichen Bewegungsabläufe dürfen nicht behindert werden.

Tragegurte und Sitzgurt

Zubehör

Karabiner

Für die tatsächliche Festigkeit macht es heute keinen Unterschied mehr, ob Stahl- oder Aluminiumkarabiner verwendet werden. Es sollten jedoch nur spezielle Gleitschirmkarabiner mit Schraubverschluß benützt werden. Verdreht oder verkantet sich ein Karabiner in der Gleitschirmaufhängung, wirken die Zugkräfte sehr ungünstig. Karabiner ohne Verschluß können sich öffnen; zudem brechen kurzzeitig geöffnete Karabiner leichter als geschlossene.
Alle Bauteile eines Gleitschirms sind auf das Mehrfache ihrer Belastung hin ausgelegt. Die handelsüblichen Gleitschirmkarabiner besitzen eine Bruchfestigkeit von ca. 2000 kN. Das bedeutet bei einem einzelnen Karabiner eine Anhängemasse von 2000 kg. Bei Querbelastung reduziert sich die Bruchkraft auf ca. 800 kN.

Kreuzverspannung

Viele Gleitschirmgurte werden mit zusätzlicher statischer Hilfe ausgeliefert: der Kreuzverspannung. Sie stabilisiert das Sitzbrett und verhindert ein seitliches Abkippen. Die unterschiedlichen Belastungen der Tragegurte etwa in turbulenter Luft werden dadurch ausgeglichen.
Ein gutes Fluggefühl kann mit einer verstellbaren Kreuzverspannung erreicht werden; die Empfindlichkeit wird individuell angepaßt.

Der Sitzgurt eines Gleitschirms muß bequem sein

Rückenprotektor

Der Rückenprotektor ist ein Standardbauteil im Gurtzeug. Er hat ähnliche Aufgaben wie ein Flughelm (siehe S. 21 und 104), nur daß er eben den Rücken schützen soll.
Der Protektor wird mit Klettbändern in einer individuellen Anpassung im Rückenteil des Gleitschirmgurtzeugs festgehalten. Es ist wichtig, daß er bei den vielen Bewegungen im Gurt nicht vom Rücken rutscht.
Gebaut werden Rückenprotektoren aus Karbon, Kohlefasermatten und dickem Polymerschaum. Die Schalen sind der Rückenform des Piloten angepaßt. Im Ernstfall halten sie spitzen

Gerätekunde

Gegenständen und Scherbelastungen stand.

Kontrollen

Empfehlenswert sind gut sichtbare Verbindungselemente an Gleitschirm und Gurtzeug. Das erleichtert die Kontrolle der Nähte und die Wartung der Verbindungen. Die Lufttüchtigkeit der Bauteile muß der Pilot regelmäßig prüfen; eine gesetzliche Zustandsprüfung wird für die Gleitschirmkappe alle zwei Jahre verlangt. Wird der Zwei-Jahres-Check versäumt, muß mit dem Erlöschen der Betriebserlaubnis gerechnet werden.

Vor dem Gesetz ist ein Flug ohne Betriebserlaubnis eine Ordnungswidrigkeit: Fliegen ohne »TÜV«. Alle Herstellerbetriebe führen für ihre Konstruktionen die entsprechenden Prüfungen durch. Der Preis richtet sich nach dem Aufwand (ungefähr 200—300 DM).

Rettungsschirm

Das komplette Rettungsgerät besteht aus:
- Außencontainer
- Innencontainer
- Rettungsschirm
- Verbindungsleine

Die Rettungsschirme sind Mittelleinenkappen. Die zusätzliche Leine in der Mitte zieht die Kappe am Scheitel hinunter. Die ungewöhnliche Form weicht ab von den üblichen Rundkappenfallschirmen und weist einen sehr hohen Luftwiderstand auf.

Bauvorschriften

Die Rettungsgeräte unterliegen ebenfalls den Zulassungsbedingungen nach § 4 der LuftVZO. Ziel ist es, einen fallenden Körper so schnell wie möglich abzubremsen. Die Öffnungszeiten bei optimaler Entfaltung liegen bei drei Sekunden.
Die Bauvorschriften für ein Rettungsgerät fordern nur den Innencontainer. Deshalb ist es möglich, beliebige Außencontainer zu verwenden; sie müssen nur problemlos öffnen.

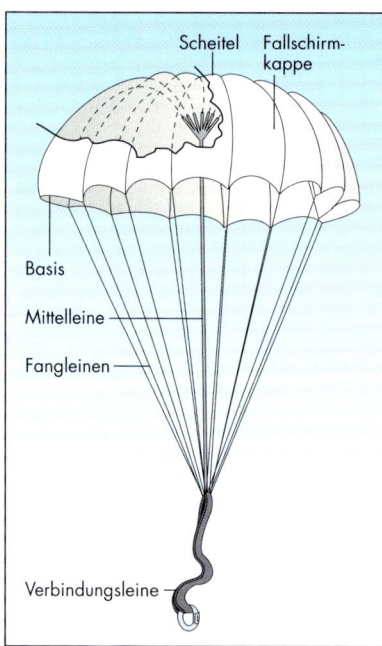

Aufbau eines Rettungsschirms (Rundkappe mit Mittelleine)

Scheitel
Fallschirmkappe
Basis
Mittelleine
Fangleinen
Verbindungsleine

Sicherheitsausrüstung

Werfen

Es empfiehlt sich, den Griff im Sichtbereich zu plazieren:
- an der Seite
- vor dem Bauchgurt

Die meisten Hersteller bieten verschiedene Anbringungsmöglichkeiten an. Dazu gehören die hochentwickelten Systeme mit einem Rückencontainer. Diese Variante steht seit Jahren im Mittelpunkt der Neukonstruktionen, das Gewicht des Rettungsgeräts ist optimal integriert. Achten Sie darauf, daß der Handgriff des Retters sichtbar ist.

Verbindungsleine

Sie verbindet den Rettungsschirm mit dem Gurtzeug. Die Bauvorschriften verlangen am Gurtzeug eine angenähte Verbindung, in die die Verbindungsschlaufe eingezogen wird.

Besondere Entwicklungen

- In den Kinderkrankheiten steckt eine Entwicklung mit Raketensystemen. Der Rettungsschirm wird mit einer Druckluftrakete gestreckt und kann sich dabei in einer Zeit unter 1,8 Sekunden öffnen.
- »Cut away« ist ein Trennsystem, das zum Einsatz mindestens 30 m Höhe braucht. Für Normalpiloten sicher nicht zu empfehlen, da bodennah ein zweites Rettungsgerät notwendig wird.

Wartung für Rettungsgeräte

- Alle 4–6 Monate sollte ein Rettungsgerät neu gepackt werden. Druck und leichte Feuchtigkeit können die gefalteten Stoffbahnen verkleben und eine Rettungsöffnung verzögern.
- Vor jedem Packen empfiehlt sich eine Trockenzeit von mindestens einem Tag.
- Nach einer Notöffnung ist eine Überprüfung durch das Herstellerwerk notwendig, um die Lufttüchtigkeit zu sichern.

Helm

Bei der Produktion von Sporthelmen greift seit 1995 die EU-Norm. Moderne Gleitschirmhelme wiegen ca. 900–1400 g. Achten Sie bei der Auswahl auf folgende Punkte:
- Öffnungen für Fahrtgeräusche
- Kinnbügel
- Styroporkern unter der Schale
- Nackenriemen
- Schnellverschluß

Sonnenschutz

Der Pilot sollte seine Augen mit einer nicht zu dunklen Brille schützen. Die ideale Brille besitzt 100 % UV-Lichtschutz; das Glas umgibt das Auge über die Augenhöhle hinweg. Der Optiker benützt für diese Art von Brillen die Kurvenstärke 6 für die Krümmung der Gläser.

Gerätekunde

Die komplette Paragliding-Ausrüstung: Helm, Windmütze, Handschuhe, Gleitschirmstiefel, Overall, Gleitschirm mit Schutzsack, Gurtzeug, Variometer, Windmesser, Erste-Hilfe-Ausrüstung, Navigationshilfen, Rucksack

Bekleidung, Instrumente

Schutzbekleidung

Die beste Schutzbekleidung sind winundurchlässige Overalls in verschiedenen Stärken. Darunter werden in der Regel keine besonderen Kleidungsstücke benützt, das Schichtenprinzip ermöglicht die individuelle Anpassung je nach Verhältnissen.

Schuhe

Spezielle Gleitschirmschuhe werden von verschiedenen Bergschuhherstellern angeboten. Diese schützen den Knöchel vor dem Umknicken. Die Sohle ist stärker gedämpft, und das sternförmige Profil ist für die Berge geeignet. Vibram-Sohlen haben auf nassem Stein besseren Halt.

Fluginstrumente

Benützt werden Kombi-Instrumente, mit denen sich nicht nur die aktuelle Höhe darstellen läßt. Teilweise sind sie ausgereifte Flugschreiber, die bis zu 20 Stunden Flugzeit mit ausführlichsten Daten dokumentieren können. Um nach der Ausbildung Fortschritte machen zu können, empfiehlt sich ein »abgestecktes« Gerät, das sich beschränkt auf:
- Variometer
- Höhenmesser
- Memo für Spitzenwerte

Variometer im Einsatz

Gerätekunde

Variometer

Mit diesem Baustein in einem Fluginstrument läßt sich Steigen und Sinken des Fluggerätes gegenüber der umgebenden Luft darstellen. Der Pilot verwertet diese Information, um in thermischer Luft Höhe zu gewinnen. Die Messungen des Luftdrucks erfolgen elektronisch. Das Rechenergebnis im Variometer ist ein gemittelter Zahlenwert.

Da die Augen des Piloten nicht ständig auf das Fluggerät achten können, werden die Sink- und Steigwerte mit einem modulierten Piepston dargestellt. Je heller der piepsende Ton wird, um so höher ist die Steiggeschwindigkeit. Ein andauernder tiefer Ton signalisiert den Sinkwert (Sinkalarm).

GPS

Selbst die modernste Navigationstechnik wird heute von den »Cross Country«-Piloten benützt, das »Global Positioning System«, kurz GPS. Dieses Gerät könnte Navigationswissen und den alten Kompaß verdrängen, doch bleibt es jedem einzelnen überlassen, wieviel Technik er beim Fliegen einsetzen will.

Kompaß

Wer eine konventionelle Flugplanung bevorzugt, verwendet einen flüssigkeitsgedämpften Kugelkompaß als Hilfsmittel.

Befestigung

Alle Instrumente werden im Gesichtsfeld des Piloten befestigt, häufig auf dem Oberschenkel oder nahe am Gurtzeug. Der Handel bietet spezielle Halterungen an.

Erste-Hilfe-Ausrüstung

Neben allen technischen Hilfen sollte jeder Pilot sich eine Erste-Hilfe-Ausrüstung zusammenstellen (siehe Kapitel »Flugunfälle« und »Flugfunk«).

Flugpraxis

Start

Ende 1995 mußten die Gleitschirmfluglehrer des Verbandes einer traurigen Beobachtung zustimmen. Brevetierte Piloten verunfallen hauptsächlich durch:
- mangelhafte Flugtechnik – vor allem beim Start
- Flugstörungen in geringer Flughöhe (ebenfalls mangelhafte Flugtechnik oder Extremflugverfahren)
- mangelndes Fachwissen, etwa falsch interpretierte Wetterlagen
- mangelnde Selbstkritik, Überschätzen der eigenen Fähigkeiten
- mangelnde Flugerfahrung mit dem benützten Fluggerät

Wieso verlernen die Piloten soviel? Aus Trainingsmangel? Wegen falsch erlernter Technik? Die Antwort ist in mangelnder Selbstkritik zu suchen. Die Folge: Nur wenig Piloten wiederholen und trainieren die notwendigen Verfahren, die sie in ihrer Ausbildungszeit kennengelernt haben. Sie verlernen und vergessen viel. Zu diesem Mangel kommt eine externe Zuweisung der Schwierigkeiten: »Der Gleitschirm hat ein schlechtes Startverhalten.«
Benützen Sie die Ausführungen im Kapitel »Flugpraxis« daher wie einen Trainingsplan für die praktischen Übungen der Grundschulung. So werden Punkt für Punkt die Überlegungen und praktischen Ausführungen dargestellt. Sehr viel mehr muß ein Juniorpilot für die Grundausbildung nicht erarbeiten. Sollten Sie bereits in der Ausbildung Ihre Erfahrungen machen, dann messen Sie Ihre Erfahrungswerte.

Startgelände

Viele der zugelassenen Gleitschirmstartplätze sind so breit, daß mehrere Startstrecken zur Auswahl stehen. Ein gut gewählter Startweg ist
- ausreichend lang (ca. 10–20 m)
- deutlich steiler geneigt als der Gleitwinkel (siehe »Leistungsmerkmale«)
- nicht zu steil für einen Startabbruch
- absolut hindernisfrei
- mit einer breiten Anlaufspur versehen, die ein gefahrloses Unterlaufen des Gleitschirms ermöglicht
- störungsfrei von extremer Thermik
- dem persönlichen Trainingszustand angemessen

Flugplanung:
Ein professioneller Pilot sammelt Informationen, bevor er sich zum Startplatz begibt.

Vor der Auffahrt:
- Die zu erwartenden Wetterverhältnisse mit dem Flugwetterbericht vergleichen und überprüfen

Flugpraxis

Freier Startplatz ohne Hindernisse

Start

- Windrichtung und Windstärke am Landeplatz beachten
- Flug- und Landegelände auf objektive Gefahren überprüfen (z. B. befahrene Straßen), Hindernisse einprägen

Windstärke:

- Ein Gleitschirm fliegt ca. 40 km/h. Einleuchtend ist, daß ein Start vom persönlichen Können und von der richtig angewandten Technik abhängt. Gute und sichere Starter benützen einen Gegenwind von 0–25 km/h. Ab 5 km/h füllt sich der Gleitschirm sicher mit Luft, und mit 15–20 km/h läßt sich der Flügel über dem Piloten ausbalancieren.
- Windrichtung und -stärke bestimmen die nutzbare Starttechnik am Startplatz (rückwärts oder vorwärts).

Windrichtungsanzeiger:

- Ausreichend viele Windrichtungsanzeiger sollten so angebracht sein, daß sie an exponierten Stellen Gegenwindstörungen anzeigen können. Dazu sollte sie der Pilot über einen längeren Zeitraum beobachten können.
- Ganz wichtig für den sicheren Start ist es, den zu erwartenden Wind am Gipfel eines Startberges zu überprüfen. Gibt es Rückenwind? Verlassen Sie sich auf Ihre eigenen Informationen.
- Erlernen Sie die Deutung verschiedener Windanzeiger. Neben den Windfahnen gibt es Anzeichen bei Bäumen, kreisenden Vögeln oder anderen Fliegerkollegen, dazu die Zugrichtung der Wolken, die Wolkenformen etc.

Startvorbereitung

- Gurtzeug anlegen (siehe »Richtige Einstellung des Gurtzeugs«).
- Die Gleitschirmkappe am höchsten Punkt der Anlaufstrecke auslegen.
- Die Mittelbahn des Gleitschirms in Lauf- und Windrichtung ausrichten.
- Die Kappe liegt in einem symmetrischen, leichten Bogen auf dem Obersegel, dadurch füllt sich der Gleitschirmflügel gleichmäßig und prompt.
- Tragegurte und Leinen unverkreuzt strecken. Das geschieht unter leichtem Zug. Die Bremsleinen werden als erstes aus dem Leinenstrang gefächert, dabei läßt sich der Verbindungsknoten zum Steuergriff kontrollieren (ein Tip zur Kontrolle: Leinen und Bremsspinnen sind immer paarig am Flügel und lassen sich durch Aneinanderhalten auf Symmetrie prüfen).
- Die Leinenebenen trennen. Fächern und trennen Sie dazu die Leinengruppen von den Bremsleinen bis zu den A-Leinen (Bremsen nach außen, D-, C-, B- und als letztes A-Leinen zur Laufmitte). Legen Sie die Tragegurte etwas aus der Laufmitte; die angehängten Leinen können in einem leichten S-Schlag ausgelegt werden. Der Vorteil liegt in der Möglichkeit, die Position der Gleitschirm-

Flugpraxis

kappe nachzuarbeiten, ohne die sortierten Leinen wesentlich zu stören.
- Die Eintrittskante vollständig öffnen.
- Gurtzeug in die Tragegurte einhängen.
- Tragegurte und Karabiner nicht verdrehen und die Leinen beim Hantieren nicht unter Zug bringen. Der Gleitschirm verändert sonst seine Lage, und Öffnungen werden zugeklappt.
- Am Gurtzeug und an den Tragegurten alle Verbindungen überprüfen.
- Die Verbindung mit dem Rettungsgerät prüfen, zuletzt den Sicherungssplint.

Grundhaltung des Vorwärtsstarts

Der Pilot steht aufrecht vor der Hinterkante der Gleitschirmmitte. Die Tragegurte B bis D liegen in der Ellenbeuge. Die Bremsleinen sind von den Druckknöpfen des hinteren Tragegurtes gelöst und werden in die Hand genommen, mit ihnen werden die A-Tragegurte gehalten. Der Pilot greift die vorderen Tragegurte so, daß die gestreckten Arme das Band leicht spannen und die Reihen B bis D in der Ellenbeuge liegenbleiben. Über die A-Leinen-Gruppe wird eine leichte Vorspannung aufgebaut. Der Pilot läuft so weit von der Hinterkante in Startrichtung weg, bis sich die Leinen vom Boden zu heben beginnen.

Sind die Leinen frei?

Startcheck

Mit diesem Fünf-Punkte-Check werden die Vorbereitungen abgeschlossen:
1. Helm, Gurtzeug, Karabiner geschlossen?
2. Leinen frei (insbesondere Bremsleinen und Tragegurte)?
3. Gleitschirmkappe bogenförmig, die Eintrittskante offen?
4. Windrichtung nutzbar?
5. Luftraum frei?

Unmittelbar nach dem Check sollte sich der Start anschließen, ansonsten ist der Startcheck zu wiederholen.

Start

Starttechnik

Im Gegensatz zum Drachen oder Flugzeug ist ein Gleitschirm nach den Startvorbereitungen noch nicht flugfertig: ein wesentlicher Unterschied für die Starttechnik. Generell wird der Start in drei Phasen unterteilt:
1. Aufzugsphase
2. Kontrollphase
3. Startlauf oder Beschleunigung zum Abheben

Ganz wesentlich ist, daß der Gleitschirm ein flexibler Flügel ist, im Gegensatz zu einem Hängegleiter. Flugfertig ist der Gleitschirm nach der Kontrollphase, wenn keine Störungen aufgetreten sind und der Flügel prall über dem Piloten steht. Der Pilot spürt die hebende Zugkraft und beginnt, den Flügel mit dem Startlauf zu beschleunigen. Dabei verliert er in keinem Augenblick den Kontakt zur Zugkraft. Mit dem Flügel sicher in Kontakt zu bleiben, ist für den Piloten die schwierigste Übung. Der Erfolg läßt sich leicht überprüfen: Bei fehlendem Kontakt wird der Gleitschirm weich und kann einklappen.
Phase 1 und 2 lassen sich als Aufbauphase bezeichnen. Erst wenn der Flügel aufgebaut ist, kann der Pilot seinen Startlauf beginnen. Zuvor wird der Gleitschirm mit dem Gewicht des Körpers in die Höhe gebracht.

Aufziehen:
Aus der Grundhaltung bewegt sich der Pilot mit mäßiger Vorlage in Laufrichtung. Die Leinen strecken sich, und die Kappe löst sich vom Boden, dabei füllt sie sich mit Luft. Unter stetigem Zug und Druck wird sie senkrecht über den Piloten gebracht. Die Arme mit den Händen begleiten die A-Tragegurte in die Höhe.
Es ist darauf zu achten, die Tragegurte nicht zu verkürzen, damit der Gleitschirm nicht ausbricht. Diese selbst verursachten Störungen können nur bedingt korrigiert werden und erzwingen oft einen Startabbruch. Nur unter konstantem Zug steigt der Schirm in die Senkrechte. Ist er dort angelangt, lösen sich die Hände von den A-Tragegurten und setzen die Bremsleinen ein. Der Pilot bleibt in Kontakt mit dem Gleitschirm und bremst so dosiert, daß die Kappe ihn nicht überholt.

Kontrolle:
Trainingsziel ist es, mit der Blickkontrolle eine Erfolgskontrolle durchzuführen. Die Körpervorlage wird in diesem Moment teilweise aufgegeben. Der Pilot spürt die Auftriebskraft des Flügels, mit dem er immer in Kontakt bleibt. Ein trainierter Juniorpilot fühlt bald, ob der Gleitschirm gleichmäßig hochgekommen ist.
Zu überprüfen sind folgende Punkte:
1. Ist die Kappe vollständig und prall gefüllt?
2. Sind alle Leinen frei und ohne Knoten?
3. Ist die Kappe korrekt ausgerichtet?

Treffen diese Punkte zu, ist der Gleitschirm flugfähig. Jetzt beginnt der eigentliche Startlauf.

Flugpraxis

Startlauf:
Die Entscheidung für einen Startlauf wird nur dann getroffen, wenn alle Voraussetzungen erfüllt sind. Der Pilot beschleunigt mit Körpervorlage den Gleitschirm bis zur Abhebegeschwindigkeit. Die notwendige Geschwindigkeit ist abhängig vom Gegenwind. Es ist möglich, einen Gleitschirm aus dem Stand zu starten, wenn der Gegenwind nahe an der Minimalgeschwindigkeit des benützten Flügels liegt.
Aufgaben während des Startlaufs:
1. Bremsleinen so einsetzen, daß der Gleitschirm die Startrichtung hält.
2. Geschwindigkeit kontinuierlich steigern.
3. Raumgreifende Schritte – bis zum letzten, der in der Luft erfolgt.
4. Abgehoben? Der Pilot bleibt in Vorlage auf dem Brustgurt liegen und ist hängend mit den Beinen laufbereit. Es empfiehlt sich eine leichte Schrittstellung, die bei einer Bodenberührung das Laufen ermöglicht.

Die aufrechte Haltung und die Laufbereitschaft in der Abflugphase werden aus Sicherheitsgründen beibehalten. 100 m über Grund verlangen die Vorschriften, danach wird der Gurt als Sitzplatz verwendet. Der Pilot nimmt beide Bremsleinen in eine Hand und benützt die freie, um das Gurtzeug zu richten. Mit den Bremsleinen in einer Hand läßt sich der Schirm sicher in alle Richtungen steuern – also trainieren!

Korrekturen:
Korrekturen sind dann notwendig, wenn Störungen auftreten, wie das Einklappen einzelner Zellen oder Abweichungen von der Laufrichtung. Meist sind diese Schwierigkeiten selbst verursachte Fehler. Grundsätzlich erfolgen Korrekturen nicht direkt über die Tragegurte, sondern über den Einsatz der Steuerleinen und des Körpergewichts. Um Standardfehler auszuschließen, sei auf das Kapitel »Richtige Einstellung des Gurtzeugs« verwiesen.
Ein Merksatz: »In Kontakt bleiben mit dem Schirm hilft immer.«

Seitliches Ausbrechen mit flugfähigem Gleitschirm:
- Die Bremsleine steuert den Schirm in Laufrichtung.

Der Flügel steht schräg zur Laufrichtung und bricht aus:
- Der Pilot unterläuft den Gleitschirm und unterstützt die Rückführung mit der Bremsleine auf der Seite zur Laufbahn. Zwei gegenläufige Bewegungen für den Piloten: Er verfolgt den Schirm weg von der Laufrichtung und bringt ihn dann steuernd zurück auf die Laufbahn – »Gegensteuern«.
- Ist die Rückführung gefährlich, wird der Start abgebrochen.

Kontaktverlust, Einklappen der Eintrittskante:
- Den Staudruck durch beidseitiges Anziehen der Bremsleinen erhöhen.

Start

Seitliches Einklappen von Zellen mit seitlichem Ausbrechen:
- Zuerst nur eine Richtungskorrektur, dann die Einklappung beseitigen. Mit der Bremse auf der eingeklappten Seite den Kontakt zur Hinterkante suchen und mit einem ausgedehnten Zug die Einklappung öffnen. Ist die Richtungskorrektur gefährlich, wird der Start abgebrochen.

Der Gleitschirm trägt nicht:
- Der Pilot ist zu langsam und setzt sich in das Gurtzeug, der Pilot sackt durch.
- Ist der Pilot nicht gestürzt, sollte er sich in Vorlage bringen und ausreichend beschleunigen.

Alle Korrekturen verlangen eine erneute Blickkontrolle, um den Startlauf fortzusetzen.

Folgenschwere Fehler:
- Die Entscheidung für den Startabbruch erfolgt zu spät.
  Folgen: Der Pilot wird vom Boden abgehoben und stürzt mit erhöhter Geschwindigkeit seitlich in den Starthang.
- Keine Korrektur.
  Folgen: Untrainierte Piloten haben keine Bewegungserfahrungen mit Störungen und verhalten sich passiv. Der Abbruch findet unkontrolliert statt.
- Der Pilot löst sich im steilen Gelände oder bei ausreichendem Gegenwind vom Boden.
  Folgen: Das Kippen oder die Schräglagen lösen Reflexe aus. Der Pilot versucht, sich zu schützen und stützt sich z. B. rückwärts ab. Dabei wird der Gleitschirm mit den Bremsleinen übersteuert. Die Pendelbewegung führt zum »Crash«.

Korrekter Startabbruch:
Der Startabbruch ist ebenso wie in der großen Fliegerei ein Sicherheitsverfahren. Piloten üben das Verfahren und nennen die Übungseinheiten »Trouble shooting«.
Grundsätzlich ist das Startgelände so zu wählen, daß der Startabbruch vor dem ersten Anlaufschritt eingebaut werden kann. Dazu muß der Startabbruch deutlich vor dem Abhebepunkt erfolgen. Die Entscheidungszeit ist vom Können des Piloten abhängig.
Mancher Startweg läßt den Abbruch nur nach einer Seite gefahrlos zu. Durch sinnvolles, dosiertes Ziehen an einer Steuerleine wird der Schirm quer an den Hang gezwungen. Der Pilot läuft sicher aus und legt den Flügel ab.
Falsch wäre es, den Schirm zu Boden zu zwingen, indem der Pilot an der Steuerleine reißt oder sogar beide voll durchzieht. Die kurzzeitig entstehenden Kräfte heben den Piloten in die Luft, und eine Pendelbewegung bringt ihn auf den harten Boden zurück.

Flugpraxis

Vorwärtsstart:
(von links nach rechts) Grundhaltung – Körpereinsatz – der Schirm hebt sich vom Boden

Vorwärtsstart:

(von links nach rechts)
Schirm hat abgehoben –
Kontrollblick –
Körpervorlage und Startlauf bis zum Abheben –
der letzte Schritt in der Luft

Flugpraxis

Starten unter erschwerten Bedingungen

Der sichere Start ist ein Erfahrungs- und Trainingsergebnis.

Rückenwind:
Ein Start mit Rückenwind ist fragwürdig und gefährlich. Der Fehler liegt oft bei der unzureichenden Vorplanung eines Flugtages. Empfehlung: Startplatz wechseln.

Starker Gegenwind:
Der Start verlangt beim Aufziehen mehr Gewichtskraft. Der Pilot muß beim Vorwärtsstart seine Vorlage verstärken oder die Rückwärtsstarttechnik erlernen und einsetzen (siehe »Rückwärtsstart«).

Seitenwind:
Mit Seitenwind startet ein Pilot nur, wenn das Anlaufgelände breit genug ist. Der Pilot richtet den Gleitschirm gegen den Wind aus und läuft dagegen an.

Gefährliches Startgelände:
Ist ein Startgelände so steil, daß ein sicherer Startabbruch nicht durchgeführt werden kann, muß auf einen Start verzichtet werden.

Start unter schwierigen Bedingungen

Start

Rückwärtsstart

Diese Starttechnik verlangt bereits gewonnene Bewegungserfahrung mit dem Gleitschirm.
Das Erfühlen des Starts erfolgt dabei über gekreuzte Tragegurte. Der Pilot ist dem ausgelegten Schirm mit dem Gesicht zugewandt und hat den Wind im Rücken. Nach dem Aufziehen dreht der Pilot seinen angehängten Körper in die Startrichtung aus. Der Gleitschirm wird während der Öffnung und des Aufstiegs mit den Augen kontrolliert. Der Pilot konzentriert sich dabei besonders auf ein symmetriegenaues Abheben. Je nach Windstärke bewegt sich der Pilot in den Schirm hinein, um die Energie zu dämpfen.
Steht der Schirm stabil über dem Piloten, kann er in aller Ruhe beide Steuerleinen in eine Hand nehmen und sich in Laufrichtung drehen. Der Einsatz des Körpergewichts und das Kontrollieren des Gleitschirms mit den Bremsleinen sind der Schlüssel für einen erfolgreichen Rückwärtsstart.
Ist der Pilot ausgedreht, nimmt er die Bremsleinen wieder in beide Hände. Der dosierte Bremseinsatz beiderseits unterstützt den Kontakt zum Gleitschirm.
Jetzt geht das Verfahren nahtlos in die Technik des Vorwärtsstarts über. Der Pilot beginnt seine Erfolgskontrolle mit dem Kontrollblick.

Vorbereitung
- Pilot hängt sich in den Gleitschirm ein.
- Ohne Zug auf die Kappe hält der Pilot die Tragegurte in einer Hand hoch über sich und dreht sich darunter so, daß er mit dem Gesicht zum Gleitschirm steht.
- Die Tragegurte hängen einmal gekreuzt körpernah vor ihm.
- Alle Leinen sind kreuzungsfrei.
- Jetzt kann er die Bremsleinen parallel abgreifen und vom Druckknopf lösen.

Erfolgskontrolle
Wenn der Pilot in der Grundstellung für den Rückwärtsstart steht, zieht die rechte Bremshand an der rechten Hinterkante und umgekehrt. Das Steuern verlangt kein überkreuztes Denken. Der Pilot zieht rechts, der Gleitschirm bricht nach rechts aus; der Pilot zieht links, der Gleitschirm wird nach links gesteuert.
- Die A-Tragegurte werden in eine Hand genommen. Der Pilot streckt die Gurte aus und achtet darauf, daß sie symmetrisch aufeinanderliegen.
- Der Pilot kontrolliert, daß die A-Leinen symmetrisch die Kraft an der Eintrittsöffnung aufnehmen können.
- Der Wind greift senkrecht in den Gleitschirm.
- Auf die Drehrichtung achten! Die gekreuzten Tragegurte analysieren und sich das Ausdrehen vorstellen.

Empfehlung
Sicheres Niederhalten des Gleitschirms bei stärkerem Gegenwind.

Flugpraxis

Rückwärtsstart:

(oben und unten von links nach rechts)
Grundhaltung – Körpereinsatz – Schirm vom Boden heben – Überschießen verhindern – Gleitschirm senkrecht über dem Piloten – Drehen in Laufrichtung – Bremsleinen in einer Hand – Startlauf

Flugpraxis

- Der Pilot läuft leicht »in den Gleitschirm«; er gibt der Zugkraft nach, dadurch senkt sich die Eintrittskante.
- Der Pilot wickelt die Bremsleinen kürzer und zwingt den Gleitschirm zu Boden.
- Reicht der Bremseinsatz nicht aus, dann läßt sich der Gleitschirm mit den Leinengruppen D und C niederhalten.
- Erreicht die Windstärke den Gefahrenbereich, hilft der Pilot sich, indem er »die Nase aus dem Wind nimmt«. Er läßt nichts los, sondern läuft unter gespannten Leinen im Halbkreis um die Gleitschirmkappe herum, bis der Wind die Eintrittsöffnungen (Nase) zuschlägt und den Schirm zusammenrollt. Der Ruf nach Helfern ist dabei sicherlich kein Fehler.

Vorwärtsstart und Rückwärtsstart im Vergleich

Vorwärtsstart:
- Einsatz: bis zu mittleren Windgeschwindigkeiten
- Vorteil: der Bewegungsrichtung angepaßter Bewegungsablauf
- Nachteil: schwierige Kontrollphase, kurze Entscheidungszeit

Rückwärtsstart:
- Einsatz: mittlere bis starke Windgeschwindigkeiten
- Vorteil: gut kontrollierbarer Startablauf, anhaltende Kontrollphase
- Nachteil: technisch anspruchsvoll, Gefahr durch Kontaktverlust beim Umdrehen

Richtige Einstellung des Gurtzeugs

Das Einstellen gehört zum Fachwissen für den Start. Grundsätzlich sollte ein Gleitschirmgurtzeug fest anliegen, um den direkten Kontakt zum Gleitschirmflügel zu ermöglichen.
Der Pilot zieht sein Gurtzeug im Stehen an.
Die Beinschlaufen nur so stark zuziehen, daß noch eine Handfläche zwischen Oberschenkel und Gurt paßt. Zu locker angezogen, rutscht das ganze Gurtzeug beim Start nach oben weg und behindert den Startlauf.
Der Brustgurt wird so eng eingestellt, daß der Oberkörper beim Start zwischen die Tragegurte paßt. Ist der Gurt zu eng, wird die wichtige Vor-

Optimal angepaßter Gurt bei 30° Vorlage

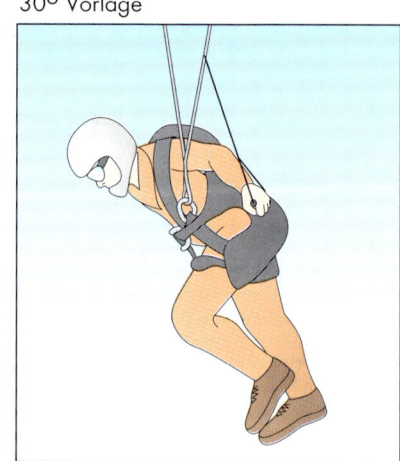

Richtige Einstellung des Gurtzeugs

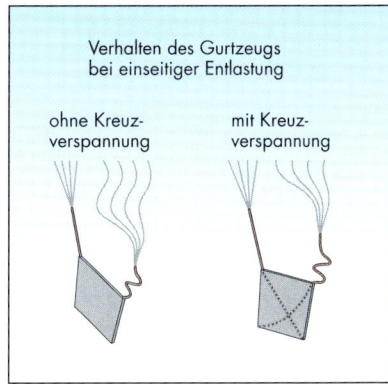

Kreuzverspannung

lage des Körpers unmöglich. Die Tragegurte laufen nicht in der Ellenbeuge, sondern zu nahe an den Schultern. Beim Abheben entsteht eine Hebelkraft, die den Piloten in eine gefährliche Rückenlage bringt. Die Beine pendeln vor ihm in die Höhe. In der Regel kann ein Pilot mit der genannten Einstellung keine ausreichende Vorlage erreichen und den Gleitschirm nicht genug beschleunigen. Er sackt durch und berührt den Boden hart. Wirbelsäulenstauchungen sind die Folge.
Ein Abstand von ca. 40 cm zwischen den beiden Aufhängepunkten (Karabinern) hat sich bewährt.
Ist die Einstellung zu locker, wird der Pilot im Flug auf seinem Sitzbrett hin und her kippen. Turbulente Luft vermittelt dabei ein sehr unangenehmes Gefühl. Andererseits sollte man austesten, wie weit der Brustgurt eingestellt sein muß, um den Flügel sicher mit Gewichtsverlagerung steuern zu können. Ein gut gewählter Kompromiß führt zu einem angenehmen Fluggefühl.

Kreuzgurt

Der Kreuzgurt ist ein statisches Hilfsmittel. Die Einstellung erfolgt wie beim Brustgurt. Der Oberkörper soll nicht behindert werden und die Gewichtskraftsteuerung wirksam sein. Der Kreuzgurt verhindert das haltlose Abkippen des Sitzbretts bei einer einseitigen Entlastung der Tragegurte, dazu kommt eine angenehme Dämpfung in Turbulenzen. Die Bänder sollten während des Fluges leicht verstellbar sein. Bei jeder Einstellung immer auf die Symmetrie achten.

Seitenverstellung

Sie beeinflußt die Sitz- oder Liegeposition des Piloten. Meist wird eine Einstellung von 20–30° in Rückenlage benützt. Der Trend geht zu einer aufrecht sitzenden Flughaltung, um im Flug einen sicheren Überblick zu haben. Außerdem verhindert diese bequeme Lage das haltlose Kippen auf den Rücken, und der Pilot hält die Beine nahe am Körper.

Schultergurte

Der Schultergurt sollte bei allen Einstellungen zuletzt angezogen werden. Steht der Pilot angegurtet in aufrechter Haltung, ist unter dem Träger noch Platz für eine Handfläche.

Flugpraxis

Flug

»Das stille Abenteuer«, unter diesem Titel beschreibt der Alpenflieger J. v. Kalckreuth seine Erlebnisse im Segelflugzeug. Dazu ein Paraglider: »Segelfliegen ist schön, doch daß ich die Thermik noch besser nutzen kann als im Segelflugzeug, hätte ich nie gedacht! Das Gefühl? – Fliegen ohne Ritterrüstung. Ich liebe den Wind im Gesicht. Nur die Geschwindigkeit fehlt mir. Mit dem Stoffetzen fliegst du eben keine 200.«

Denken wir über die Anforderungen nach. Der Paraglider benötigt einen genauen Plan, um nicht wie ein Blatt im Wind zu werden. Ein Flugplan berücksichtigt:
1. Flugverhalten des Fluggerätes
2. Flugweg (Sperrgebiete)
3. Wetterinformationen
4. Sicheres Erreichen des Landeplatzes
5. Notlandeplätze
6. Tageszeit (Nachtflugverbot)

- Während des Fluges ist Flexibilität gefordert, wenn unerwartete Ereignisse Reaktionen erzwingen: notwendige Kameradenhilfe etc.
- Es ist die jeweils günstigste Fluggeschwindigkeit zu wählen, um mit möglichst wenig Steuerbewegungen an der besten Leistung des Flügelprofils zu fliegen.
- Kaum eine andere Sportart verlangt so eindeutiges Wissen über das Wetter und das Strömungsverhalten von Luft.

Den Flugweg mit diesen Überlegungen abzusichern ist das oberste Gebot.

Fliegen bei Thermik und turbulenten Verhältnissen

Ohne die Sonnenenergie würde sich Luft wie ein ruhiger See verhalten. Die Sonne erwärmt den Boden. Betrachten wir ihn als Herdplatte unter dem Kochtopf. Gasblasen lösen sich und steigen auf. Am Rand der Blasen entstehen Turbulenzen. Der Vergleich ist sehr grob, doch allgemein läßt sich feststellen: Überall am Rande einer Luftblase oder Luftströmung entstehen Turbulenzen, auch am Boden und an Hindernissen.

In turbulenter Luft sollte der Gleitschirm mit leichtem Bremsleinenzug geflogen werden. Der Pilot arbeitet mit dem Staudruck in der Gleitschirmkappe, um den auftreffenden Turbulenzen entgegenzuarbeiten. Er reagiert mit »aktivem Fliegen« auf das Ausbrechen und Entlasten der Kappe.

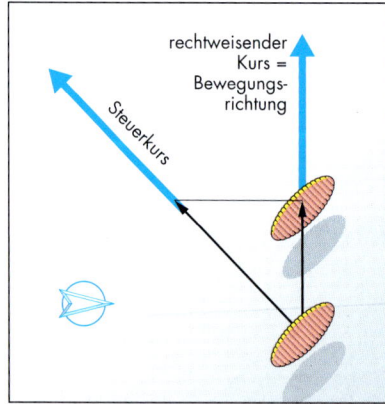

Der Vorhaltewinkel

rechtweisender Kurs = Bewegungsrichtung

Steuerkurs

Kurven

Der Pilot bleibt auf seinem Flugweg. Wird er der Störungen nicht Herr, sollte der Flugplan eine Umgehung ermöglichen.
Beim Einfliegen in starke Thermik achtet der Pilot darauf, daß die Gleitschirmkappe nicht hinter ihm zurückbleibt. Die Pendelbewegung kann bis zum dynamischen Strömungsabriß geflogen werden. Den Steuerleinenzug lockern, damit der Flügel Fahrt aufnehmen kann und waagerecht in den Aufwind eintaucht.
Umgekehrt verhält sich der Pilot beim Verlassen der Thermik. Will die Kappe vor den Piloten fliehen, wird sie angebremst. Da die Tragfläche durch das Ein- und Herausfliegen im Abwindbereich stark sinkt, empfiehlt es sich, schneller zu fliegen. Der Höhenverlust ist über die Zeit geringer.

Kurven

Kurvenflüge sind vorgeplante Wege. Stellen Sie sich einen Motorradfahrer vor, dem die Kurve zu eng wird – genauso können zu enge und erzwungene Kurven gegen die aerodynamischen Kräfte am Flügelprofil wirken, und der Gleitschirm beginnt zu trudeln.
Ein Gleitschirm fliegt besser mit Schräglage um eine geplante Kurve. Der Pilot verlagert das Körpergewicht zur Kurveninnenseite und unterstützt damit den Einsatz der Steuerleine.

Kurvenflug

Flugpraxis

Soaring

Soaring ist ein englisches Wort und bedeutet »Fliegen im Hangaufwind«. Der Hangaufwind entsteht auf der dem Wind zugewandten Seite eines Hanges (Luv). Hänge von 30–70 Grad sind bei einer Windgeschwindigkeit von ca. 20 km/h ein schöner Spielplatz.
Es entsteht eine Kompressionszone nahe dem Hang; die Piloten fliegen in diesem Aufwindband. Der sichere Flugweg ist die Achterschleife. Der Pilot steuert den Gleitschirm in einem offenen Winkel zum Hang: Er driftet. Für die Umkehrkurve fliegt er weg vom Hang.

Thermikfliegen

Thermikfliegen ist die hohe Schule des Segelfliegens. Schnell und sicher die Thermik zu finden ist möglich durch Überlegung, Beobachtung und Erfahrung im sonnenerwärmten Fluggelände. Das Ziel des Thermikfliegers sollte der ausreichende Höhengewinn sein, um mit einem anschließenden Gleitflug die nächste Thermikquelle zu erreichen. Im Idealfall kann so Kilometer um Kilometer aneinandergereiht werden.

Landung

Bei der Landung hat der Pilot eine komplexe Aufgabe vor sich. Die Bestandteile sind die gleichen wie in der »großen« Luftfahrt.

Alle Piloten beobachten die Flugwege der Kollegen im Luftraum, um sie in ihrem Handeln einzuschätzen. Durch die speziell angelegten Schenkel des Flugweges während der Landung wird die Landeabsicht erkannt. Jeder kann den Aufsetzpunkt abschätzen.

Landeplatz

Das Gelände sollte nahezu eben sein. Der Endanflug und der Aufsetzbereich sind absolut hindernisfrei zu halten. Es lohnt sich, Steine zu entfernen und Löcher einzuebnen. Sollte im Sommer das Gras zu hoch wachsen, ist der Rasenmäher gefragt. Diese Maßnahmen verhindern unnötige Verletzungen.
Landungen sind im Falle der Not überall erlaubt, aber nicht ohne Folgen. Außenlandungen sollten deshalb mit der nötigen Sorgfalt durchgeführt werden. Melden Sie dem Besitzer einen möglicherweise verursachten Flurschaden.
In zugelassenen Fluggebieten gibt es einen Flugplatzhalter. Informationen über Sonderabsprachen werden meist am Landeplatz und an der Seilbahn angebracht. Es kann sein, daß das Landeverfahren komplett verändert ist, um einer Gefahr aus dem Weg zu gehen.

Winkelpeilung

Es ist wichtig, bei verschiedenen Windsituationen und unbekanntem Gelände ein Verfahren zur sicheren Landung zu erlernen.

Landung

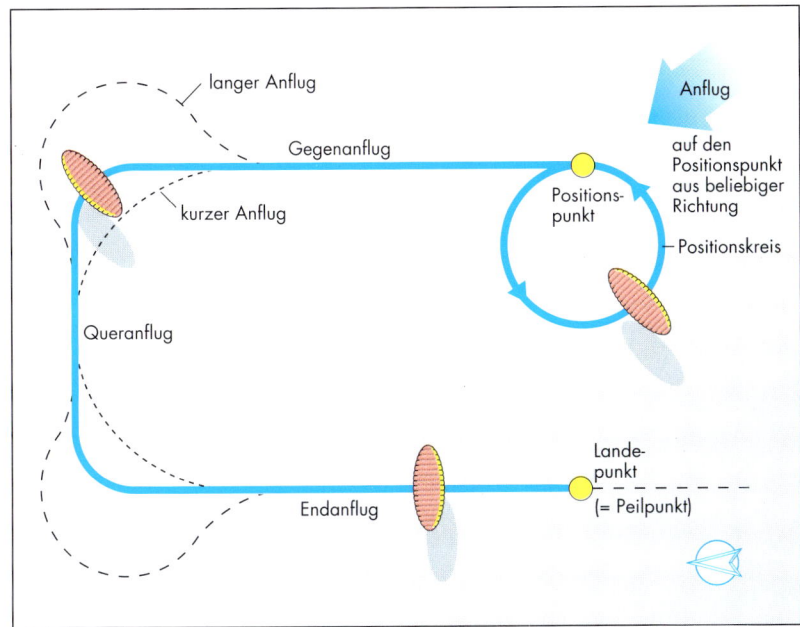

Der Landeanflug

Der Pilot blickt beim Durchfliegen des Positionspunktes in Richtung Landepunkt. Dadurch ist eine Winkelschätzung möglich, die ein Gefühl für die Höhe zuläßt. Im Gegensatz dazu scheitert der Versuch, die Höhe senkrecht abzuschätzen. Ziel ist es, immer die gleiche Höhe für den Anflug zu schätzen.

In einer Höhe von ca. 100–150 m fliegt der Pilot aus der Position ab in den Gegenanflug. Da der Endanflug der Landegeschwindigkeit zuliebe gegen den Wind geflogen wird, muß beim Gegenanflug mit einem schnelleren Rückenwindflug gerechnet werden.

Dem Gegenanflug folgt eine 90-Grad-Kurve in den Queranflug. Bei Wind kann es notwendig sein, den Gleitschirm so weit zu drehen, bis er seinen Flugweg entlangdriftet. Der Pilot hält gegen den Wind vor (Vorhaltewinkel). Im Queranflug wird noch einmal auf überschüssige Höhe geachtet, d. h. der Schenkel größer oder kleiner geflogen, bevor der Endanflug angeschlossen wird. Die Flugbahn im Endanflug soll ohne Kurven sein; bei Störungen könnte der Pilot stürzen.

Die Aufgaben des Piloten:
- Er rutscht in aufrechte Haltung mit leichter Vorlage.
- Die Beine sind laufbereit.
- Der Pilot verringert die Landegeschwindigkeit.

Verpacken des Schirms

1. Die Bremsleinen nach außen fächern
2. Die Stammleine zur Schirmmitte fächern; Leinen frei sortieren (Bremse, D, C, B, A)
3. Die Leinen sortiert aufnehmen; um den Gleitschirm an die Vorderkante gehen
4. Leinen in langen Bögen in den Schirm legen
5. Keine Leine darf geknickt werden
6. Die Tragegurte über die Profilnase hinausführen
7. und 8. Die Flügelhälfte mehrfach halbieren, bis zur Breite einer Kammer
9. Die Hinterkante eine Handbreit einschlagen, bevor das Bündel gepackt wird
10. Den Gleitschirm nicht rollen, sondern in Bahnen flach einklappen
11. Die Nase mit den harten Bauteilen ebenfalls in den Gleitschirm einschlagen
12. Legt man die eingeschlagenen Schirmteile aufeinander, entsteht Platz für die Tragegurte

- Mit dem letzten Meter über dem Grund verringert er die Fahrt auf null. Die beiden Steuerleinen werden zu diesem Zweck zu 100 % gezogen.

Um den Gleitschirm geordnet auf den Boden zu bringen, lohnt es sich, seitlich unter dem Schirm herauszulaufen und ihn mit den Bremsleinen auf den Boden zu begleiten.
Eine weitere Möglichkeit ist, sich wie beim Rückwärtsstart zum Schirm zu drehen und ihn rückwärtslaufend niederzubremsen.

Flugpraxis

Viele Landeplätze besitzen einen abgetrennten Packplatz, auf dem sich die gelandeten Piloten aufhalten, um ihre Schirme zu verpacken. Sinnvoll ist es, so schnell wie möglich den Landebereich zu räumen.

Starkwindlandung

Bei sehr starkem Gegenwind kann eine Landung zur Sicherheitslandung werden. Der Pilot stellt den Gleitschirm so bald wie notwendig gegen den Wind. Es folgt ein ausgedehnter Endanflug. In Bodennähe lieber etwas rückwärts treiben, als durch den Einsatz des Beschleunigers einen Einklapper zu riskieren (Bodenturbulenzen).
Auf dem Boden dreht sich der Pilot wie beim Rückwärtsstart mit dem Gesicht zum Schirm. Er bremst ihn wie beschrieben nieder. Am Boden wird die Gleitschirmkappe (über die C- und D-Gurte) aus dem Wind gebracht.

Plötzliche Rückenwindlandung

Eine Rückenwindlandung muß nicht immer ein Planungsfehler sein. Bodennahe Thermik oder abgesogene Luft kann einen Rückenwind von 5–15 km/h verursachen.

Die Landung erfolgt wie geplant:
- Die Restgeschwindigkeit wird durch einen Lauf abgebaut.
- Im Endanflug den Bremsleineneinsatz genau überwachen – Stallgefahr.
- Der Pilot hat auch bei 100 % Bremse Vorwärtsfahrt, nur verliert der Gleitschirm in diesem Fall die Strömung, und der Pilot stürzt senkrecht zu Boden.

Prozente

Bei kontinuierlicher Bremsung läßt sich der Bremsleineneinsatz in Prozente einteilen:
- Nahe 0 %: Normalflug. Diese Trimmung bedeutet in der Regel das beste Gleiten. Der Gleitschirm fliegt in ruhiger Luft die weiteste Strecke.
- Bis 20 %: Der Flügel fliegt mit geringstem Sinken und bewegt sich langsamer durch die Luft.
- Bis 50 %: In diesem Arbeitsbereich werden leichte Störungen behoben. Der Anfängerpilot benützt diesen Bereich, um die Landegeschwindigkeit zu verringern: Turbulenzpuffer.
- Bis 100 %: Wird bei Einklappungen und vorwärtsschießender Gleitschirmkappe verwendet. Die Einschätzung läßt sich nur unter fachlicher Anleitung trainieren.
- Ab 30 % nimmt die Fahrtgeschwindigkeit ab, und der Gleitschirm sinkt mehr. Der Pilot beeinflußt den Gleitwinkel.
- Eine Gefahr für den sicheren Bremseinsatz sind Störungen von außen. Schnell ist der Gleitschirm im Strömungsabriß, wenn eine Turbulenz oder Thermik den Anstellwinkel des Flügels gegenüber der anströmenden Luft erhöht.

Aerodynamik

Aerodynamik

Wissenschaftlich ist die Aerodynamik die »Strömungslehre der Luft«, die »Wissenschaft, die sich mit den Wirkungen von Luftströmungen an festen Körpern befaßt«.

Feste Körper

Bei diesem Stichwort fällt es schwer, an einen Gleitschirmflügel zu denken. Trotzdem, stellen Sie sich einen prall gefüllten Gleitschirmflügel vor und betrachten Sie ihn als festen Körper. Das ganze Kapitel beschäftigt sich mit den aerodynamischen Kräften im Flug. Um diese Wechselwirkungen besser verstehen zu können, müssen wir erst einmal die Eigenschaften der Luft untersuchen.

Luft

Die genaue Zusammensetzung der Luft wird im Kapitel »Wetterkunde« beschrieben. Die Gaszusammensetzung interessiert den Aerodynamiker nur am Rande. Er interessiert sich mehr für die Entwicklung von Luftkräften im Verhältnis zur Luftdichte. Die Entwicklung von Luftkräften ist demnach abhängig von der Luftströmung.
Ein weiterer Punkt ist, daß sich die Luft zusammenpressen läßt. Diese Tatsache hat für die Kräfte an einem langsam fliegenden Gleitschirm keine Bedeutung. Daher wird diese Eigenschaft in den Ausführungen nicht weiter berücksichtigt.
Eine schwerverständliche Vorstellung ist, daß die Aerodynamiker die Luft als zäh und träge beschreiben. Selbst Reibungskräfte lassen sich in der Luftströmung messen, mit denen wir an einem Flugkörper rechnen müssen. Als Flieger müssen wir weg von der Vorstellung, daß Luft »nichts« ist. Leichter fällt das, wenn man für das Modell der Luftkräfte an eine Strömung im Wasser denkt – selbst die Aerodynamiker verwenden Wasser für ihre Strömungstests.

Totale Luftkraft

Heben Sie ein Blatt Papier in die Höhe und lassen Sie es aus der Hand fallen. Sehr unkontrolliert und wippend sinkt es zu Boden.
Als nächstes falten Sie einen Papierflieger. Obwohl das Blatt kleiner geworden ist, benötigt der Papierflieger mehr Zeit, um zum Boden zu fallen. Während des Gleitens ist eine Kraft entstanden, die der Erdanziehung entgegenwirkt. Sie wird durch die Vorwärtsbewegung verursacht. Die »totale Luftkraft« ist ein Begriff für die aerodynamische Wechselwirkung entgegen der Erdanziehung.
Denken Sie an eine Autofahrt. Sie können Ihre Hand in den Fahrtwind halten und auf einem Luftpolster gleiten lassen. Je schneller das Auto fährt, um so mehr wird die Masse der Luft, das Luftpolster, spürbar. Ganz

Aerodynamik

ähnlich gleitet ein Wasserskiläufer auf dem Wasser dahin: auf Druck von unten. Wenn die Fahrtgeschwindigkeit abnimmt, läßt die Tragkraft nach.

Stehen Sie auf und halten Sie zwei Blatt Papier mit den Flächen parallel zueinander. Zwischen den Blättern lassen Sie einen zwei Finger breiten Spalt. Jetzt blasen Sie mit dem Mund genau von oben in den Spalt. Können Sie beobachten, daß sich der Spalt während des Blasens verengt? Die Blätter sollten sich leicht aufeinander zubewegen.

Diese Zusammenhänge wurden im Jahre 1738 von dem Naturforscher Daniel Bernoulli in der Kontinuitätsgleichung beschrieben. Aber wie verbinden wir diese Beobachtung mit einem Flügel? Neben dem Aufgleiten (Druck) auf der Unterseite erfährt ein Flügel noch eine Sogkraft an der Oberseite.

Zurück zum Versuch: Durch das Blasen werden kontinuierlich die Luftteilchen zwischen den Blättern weggerissen und verdrängt. Beachten wir, daß der statische Druck der Luft nach allen Seiten gleich ist und nur die Luftteilchen zwischen den Blättern in eine Richtung weggeblasen werden, so ist für einen Moment der Druck der Strömungsteilchen gestört bzw. geringer. Die umgebenden Luftteilchen rücken nach. Dadurch bewegen sich die Blätter aufeinander zu, der Spalt wird enger.

Damit die strömenden Luftteilchen die Engstelle passieren können, werden sie in ihrer Bewegung schneller, denn von hinten drücken die angestauten Teilchen nach. Der Stau an der Engstelle wird nur dann verhindert, wenn der Staudruck in die Strömungsrichtung wirkt. Es läßt sich eine Druckdifferenz vor und an der Engstelle messen.

Legen Sie in der Modellgrafik des Flügelquerschnitts auf S. 51 oben ein Lineal parallel zur Strömungsrichtung an. Verschieben Sie es anschließend so, daß das Lineal mit der gewölbten Oberseite des Profils eine Engstelle bildet. Das Lineal stellt in unserem Modell die träge Luft dar.

Nur nahe am Profil müssen sich die Luftteilchen auf die Veränderungen einlassen. Es ist eine Engstelle entstanden. In Wirklichkeit entsteht genau dort die Druckdifferenz. Die Sogkraft wird nachweisbar.

Für die Entstehung der Kräfte ist es unwichtig, ob ein Körper angeblasen wird oder ob er sich durch die Luft bewegt: In jedem Fall wirken zwei Kräfte der Erdanziehung entgegen. Nähmen wir den Gesamtwiderstand und die Gewichtskraft eines Flugkörpers in die Rechnung mit auf, könnten wir die tatsächliche Arbeitsleistung eines Flügels berechnen.

Druck- und Schwerpunkt

Der Flug mit einem Gleitschirm ist ein Wechselspiel der Kräfte. Fliegt ein Gleitschirm geradeaus, dann wirken zwei Kräfte entgegengesetzt zueinander (siehe hierzu die Grafik auf der rechten Seite oben).

Stationärer Gleitflug

Gewichtskraft

Der Pilot, das Gurtzeug und die Gleitschirmkappe addieren sich zur Gewichtskraft.

Dynamische Kraft

Sie besteht aus dem Gesamtwiderstand und dem dynamisch entstandenen Auftrieb; sie ist die totale Luftkraft.
Alle Massenkräfte greifen im Schwerpunkt eines Fluggeräts an.
Schwierig ist es, das Gleichgewicht der dynamischen Kräfte darzustellen. In einer Zeichnung können Bewegungen festgehalten und alle Kräfte bzw. ihre Wirkungen vereint werden.
Die dynamischen Kräfte finden ihr Gleichgewicht in einem Punkt, dem »Druckpunkt«. Verändern sich die Wirkungen der Kräfte, so verändert sich die Lage des Druckpunktes. Es ist für einen sicheren Flug wichtig, daß das Kräftegleichgewicht in diesem Punkt einigermaßen ausgewogen ist. Für das Fluggerät bedeutet eine einseitige Störung, daß es aus seinem »dynamischen Gleichgewicht« gebracht wird. Alle Kräfte verschieben sich mit dem Druckpunkt.

Für den Gleitschirmflug gilt:
- Der Schwerpunkt des Gleitschirms liegt nahe beim Piloten.
- Der Druckpunkt liegt knapp unterhalb der Gleitschirmkappe.

Druck- und Schwerpunkt am Gleitschirm

Stationärer Gleitflug

Die auf S. 51 abgebildete Grafik bringt alle Kräfte in einem Flügelquerschnitt in Beziehung zueinander. Für die technische Mechanik wird in der Theorie das »zentrale Kräftesystem« verwendet.

Das zentrale Kräftesystem

Die totale Luftkraft ist aus zwei Teilkräften entstanden: Auftrieb und Widerstand. Der Flächenwiderstand eines Flügels wirkt der Luftströmung entgegen. Der Auftrieb entsteht aus der gesamten dynamischen Flächenkraft des Flügels. Die Wirkungsrichtung ist rechtwinklig zur Strömung. Die Gewichtskraft ist der Gegenspieler der totalen Luftkraft. Beide

Aerodynamik

Das Gleich-
gewicht
der Kräfte
im Flug

Profil

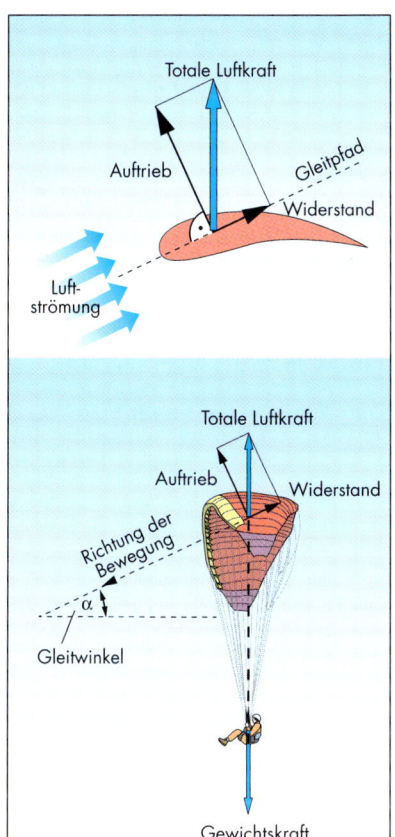

Der stationäre Gleitflug

Kräfte entscheiden durch ihre Wirkung die Leistung eines Flügels. Diese Leistungskraft wird als Sinkwert oder Sinkleistung bezeichnet. Wenn sich der Gesamtwiderstand des Gleitschirms erhöht, wirkt sich das auf die Leistungskraft aus. Der Einfluß des Widerstands ist beachtlich, wenn es um die Leistung eines Flügels geht – bis hin, daß er fluguntauglich werden kann. Der Widerstand eines Körpers wächst im Quadrat zu seiner Geschwindigkeit.

Profil

Die Suche nach einem guten Flügelprofil beginnt auf dem Reißbrett. Für die Wölbung ist eine Linie entscheidend, die als erstes gezeichnet wird. Sie nennt sich »Skelettlinie«. Mit Zirkelkreisen wird das Profil entlang dieser Linie entwickelt, sie bilden die Außenhaut des Profils ab (siehe Grafik S. 52 oben). Der Konstrukteur verstärkt die Konturen und ergänzt die Enden zur gewünschten Form: eine Profilspitze und die typische Form am Heck.

Eine weitere Linie ist für die Konstruktion wichtig, die »Profilsehne«. Sie wird als Verbindungslinie von der Profilspitze zum Flügelende eingezeichnet. Mit dieser Linie läßt sich später der tatsächliche Anstellwinkel zur Luftströmung messen.

Ein weiterer Fachbegriff ist der Staupunkt. An diesem Punkt nahe der Profilspitze teilen sich die anströmenden Luftteilchen. Die Luftteilchen trennen sich und nehmen den kurzen oder den langen Weg um das Profil. Dieser Punkt ist je nach Anstellwinkel variabel, aber immer genau in die Strömung gerichtet.

Das Ziel einer jeden Flügelkonstruktion ist es, viel Auftrieb und wenig Widerstand zu erzeugen.

Aerodynamik

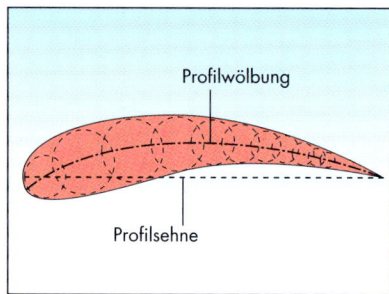

Das Profil

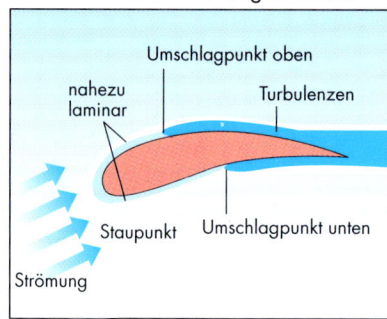

Grenzschichtenentwicklung am Profil

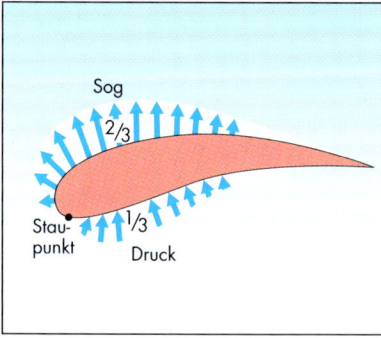

Auftriebsverteilung am Profilquerschnitt

Auftrieb

Die Entstehung des Auftriebs kann in einem Stromlinienbild dargestellt werden. Die Linien zeigen die Bahn der Luftteilchen, die den Flügel passieren. Je schneller die Luftteilchen um einen Flügel strömen können, um so geringer wird die Druckdifferenz, und um so geringer ist auch der Auftrieb.

Flächenkraft

Die Grafik links unten stellt die Druckverteilung als Fläche über einem Profilquerschnitt dar. Die dynamischen Auftriebskräfte wirken immer senkrecht zur Flügelaußenhaut. So läßt sich eine relative Arbeitsleistung darstellen. Das Verhältnis beträgt $2/3$ Sog zu $1/3$ Druck.

Staudruck

Über die Eintrittsöffnungen wird das Gleitschirmprofil mit Luft aufgebläht. Der Staudruck im Flügel ist abhängig von der Fluggeschwindigkeit und der tatsächlichen Lage des Staupunktes. Am Staupunkt hat ein strömendes Luftteilchen einen Moment lang die Geschwindigkeit null; die nachfolgenden Teilchen werden gepreßt und geraten unter Druck. Es entsteht ein Überdruck. Für die Konstruktion ist es sinnvoll, genau dort die Eintrittsöffnung zu planen. Die Füllung und der innere Druck des Gleitschirms werden dadurch unterstützt.
Den tatsächlichen Teilchendruck im Flügel hat noch niemand gemessen.

Auftrieb

Es wird vermutet, daß aufgrund von Bewegungen der Druck kurzzeitig variieren kann, er ist aber nicht konstant erhöht. Der Druck soll annähernd dem unmittelbaren Druck an der Außenhaut entsprechen.

Strömungsabriß

Bei extremen Störungen während des Fluges kann der Anstellwinkel des Flügels zur Gefahr werden. Ist der Anstellwinkel zu groß, wird sich die Strömung ganz und gar vom Flügel lösen. Sie wirbelt nur noch turbulent um den Flugkörper herum. Die Strömungsordnung ist zerstört. Den Verlust der anliegenden Strömung und der Auftriebskraft nennt man »Stall«. Ein Stall kündigt sich am Gleitschirm immer deutlich an. Der Flügel verliert an Staudruck. Es entstehen viele Falten im Schirm, und das Fahrtgeräusch nimmt ab. Hält die Störung an, geht der Gleitschirm in einen Sackflug

Fehlender Staudruck

Strömungsabriß

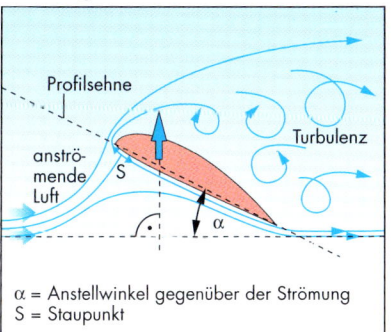

α = Anstellwinkel gegenüber der Strömung
S = Staupunkt

Aerodynamik

über, d. h., der Gleitschirm sinkt wie ein Fallschirm.
Einen solchen Strömungsabriß können unerfahrene Paraglider unverhofft erleben, da sie die Stallgeschwindigkeit nicht immer erkennen oder mit falschem Bremsleineneinsatz reagieren. Dabei ist die Lösung einfach: Der Pilot löst beide Bremsleinen langsam, aber entschlossen. Der Flügel kommt wieder in den Normalflug zurück.

Die asymmetrische Frontdeflation

Das Einklappen eines Gleitschirmflügels wird oft als gefährlichstes Absturzszenario beschrieben, dem der Pilot nichts entgegenhalten könne. Das wäre aber nur möglich, wenn er von der Ausbildung gar nichts verstanden hätte. Es gibt eine Übung, um diesen Flugzustand in der Praxis zu trainieren (siehe Kapitel »Extremflugzustände«).
In Turbulenzen kann es kurzfristig zu einer Anstellwinkelveränderung kommen. Die anströmende Luft wird mit der Turbulenz in ihrer Wirkungsrichtung abgelenkt. Der Anstellwinkel wird kleiner als null. Die Strömung drückt auf das Obersegel, und der Flügel kollabiert unter dem Druck. Nach der Deformation ist die Turbulenz wirkungslos, der Pilot kann auf den Einklapper reagieren. Er wird ihn öffnen, der Gleitschirm fliegt wieder im Normalflug. Das Lösen der Einklappung erfolgt durch ein Sicherheitsverfahren:

1. Gegensteuern
2. Einklappung öffnen

Selbst wenn eine Turbulenz den Gleitschirm bis zu 70 % einklappt, sinkt er noch langsamer zu Boden als ein Rundkappenfallschirm der Bundeswehr.
Eine vorbeugende Maßnahme ist, mit dem Gleitschirm in Kontakt zu bleiben und über die Bremsleinen einen Moment den Staudruck zu erhöhen – aktiv zu fliegen.

Widerstand

Für die Aerodynamik sind zwei Widerstände von Bedeutung:
- Formwiderstand
- Induzierter Widerstand

Formwiderstand

Die Körperform ist für den Widerstand in einer Strömung ausschlaggebend. Jede Verwirbelung der Strömung kostet Energie. Je größer ein Wirbelfeld hinter einem Körper wird, um so größer ist der Widerstand. An einer schlanken, sehr glatten Flügelfläche liegt die Strömung länger an, und es gibt wenig Wirbel. Zum Formwiderstand zählen der Gleitschirmflügel, die Leinen und der Pilot im Gurtzeug (abhängig von der Körperhaltung).
Dies ist nur ein Teil des Formwiderstands. Dazu addiert sich die Stirnfläche. Die Stirnfläche des Körpers ist die Fläche, die genau gegen die

Widerstand

Klippenstart

Aerodynamik

Strömung gehalten wird. Je größer die Stirnfläche ist, um so größer wird der Formwiderstand.

Der Widerstand wird in einer dimensionslosen Zahl dargestellt, dem c_w-Wert oder auch Widerstandsbeiwert. Der Wert ist immer größer als null. Der Formwiderstand für einen Tropfen: $c_w = 0{,}08$; für eine offene Rundkappe: $c_w = 1{,}33$.

Induzierter Widerstand

Diese Widerstandskraft entsteht nur, weil der Gleitschirmflügel in Bewegung ist. Die Ursache ist eine Druckdifferenz zwischen Ober- und Untersegel.

Stellen Sie sich vor, daß über dem ganzen Obersegel Luftteilchen fehlen. Dieses Defizit muß ausgeglichen werden. Die Teilchen auf der Unterseite des Segels könnten diese Aufgabe übernehmen. Der Weg gegen die Strömungsrichtung, also gegen den Wind, ist nicht möglich. Also versuchen es die Luftteilchen an der Hinterkante des Flügels. Doch immer, wenn sie im Salto auf die Oberseite des Flügels springen wollen, ist dieser schon auf und davon geflogen. Der Sprung geht ins Leere. Es verbleiben nur noch die Außenseiten des Flügels. Wenn die Teilchen vom Untersegel auf die Oberseite springen, werden sie nur ein wenig versetzt. Einen Moment lang ist die Druckdifferenz am Rande des Flügels beseitigt. Doch mit der Strömung verlassen die Teilchen die Oberfläche des Flügels; egal wie schnell die Teilchen vom Untersegel nachrücken, sie beeinflussen nur den Randbereich des Flügels. Jede Verwirbelung kostet Energie und erzeugt Widerstand. Am Außenrand eines Flügels entsteht ein konstanter Luftaustausch. Die Flieger nennen diese Erscheinung »Wirbelzöpfe«, weil sie wie bei einem springenden Mädchen hinterher fliegen. Das Fachwort ist »Randwirbel«.

Solche aktiven Randwirbel können je nach Fluggeschwindigkeit bis zu 45 % des gesamten Widerstands bei einem Gleitschirm ausmachen. Für die Konstrukteure gibt es Erfahrungswerte, um die schädliche Wirkung für den Flug zu reduzieren:
- höhere Streckung
- günstigere Auftriebsverteilung

Streckung

Für ein Segelflugzeug werden die Flügel schlank und sehr lang gebaut. Die Flügelspitzen sind bei einigen Modellen nur noch 30 cm tief. Also muß die Luft nur noch um einen

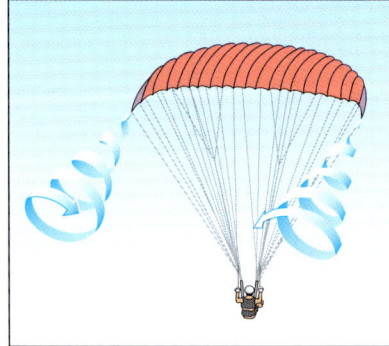

Randwirbel induzieren Widerstand

Auftriebsverteilung, Hebelarm und Stabilität

kleinen Flügel strömen: wenig aerodynamische Arbeit, kleine Druckdifferenz.
Bei der Formel für die Streckung ergibt sich eine dimensionslose Zahl.

$$\text{Streckung} = \frac{\text{Spannweite}^2}{\text{Flügelfläche}}$$

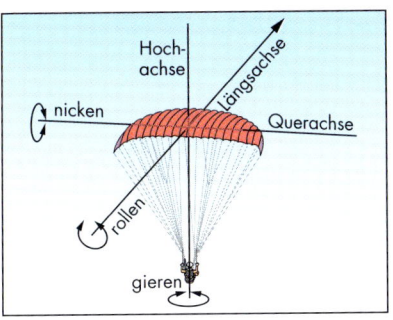

Die Drehachsen des Gleitschirms

Auftriebsverteilung

Entscheidend für die Arbeitsleistung (totale Luftkraft) eines Flügels ist nicht allein die tatsächlich wirkende Widerstandskraft, sondern die möglichst optimal verteilte Auftriebskraft. Ein Konstrukteur baut zuerst einmal Flügel mit höherer Streckung und verändert zusätzlich den Außenflügel aerodynamisch. Es kommen neutrale, symmetrische Profile zum Einsatz. Das Profil in der Mitte des Gleitschirms hat viel Auftrieb, von dort aus wird es Zelle für Zelle in ein symmetrisches Profil umgebaut. So wird die Druckdifferenz auf fast null reduziert. Die Widerstandskraft der Randwirbel wird geringer.

Hebelarm und Stabilität

Ein Gleitschirm hat sechs Freiheitsgrade und um jede Achse zwei Bewegungsmöglichkeiten:
- Hochachse = links/rechts: gieren
- Querachse = Nase zum Boden/hoch in die Luft: nicken
- Längsachse = rechter/linker Flügel hoch: rollen

Richtungsstabilität

Während ein Flugzeug die Richtung mit dem Rumpf und dem Seitenruder hält, ist die Richtungsstabilität beim Gleitschirm durch den tiefen Schwerpunkt und die Erdanziehungskraft möglich.
Ist der Flügel durch eine Störung aus der Fahrtrichtung gebracht, dann wirkt die Gewichtskraft des Piloten als Rückstellkraft. Der Flügel wird in Flugrichtung »zurückgestellt«.
Das Denkmodell hinkt allerdings sofort, wenn man sich den Piloten in der Realität unter dem Gleitschirm hängend vorstellt. An einer einzelnen Leine würde er sich tatsächlich wie ein freies Lotcisen drehen. Aber es handelt sich um viele Leinen, die nach allen Richtungen zum Flügel hin verteilt sind.
In der technischen Mechanik werden Seile sogar als »Zugstäbe« bezeichnet. Man muß sich also eine harte, feste Verbindung vorstellen.

Aerodynamik

Quer- und Längsstabilität

Leichter wird es mit der Vorstellungskraft, wenn es um das Nicken und Rollen geht. Nimmt der Gleitschirm eine Querneigung ein, wird die Schwerkraft des Piloten den Flügel zurückdrehen. Je näher ein Schwerpunkt beim Druckpunkt liegt, um so kleiner wird die Hebelkraft.
Bei einem Hängegleiter liegen Druckpunkt und Schwerpunkt sehr nahe beieinander. Er bleibt deshalb nach der Kurveneinleitung im Gegensatz zum Gleitschirm stabil in Schräglage. Die Rückstellung in den Normalflug muß ein Hängegleiterpilot aktiv durchführen. Es gibt keine passive Rückstellung durch den Schwerpunkt.
Die Achsen haben unterschiedliche stabilisierende Wirkungen:
- Die stabilisierte Längsachse wirkt auf die Querstabilität.
- Die stabilisierte Querachse wirkt auf die Längsstabilität.
- Die stabilisierte Hochachse wirkt auf die Richtungsstabilität.

Steuerung

Die Bremsleinen an der Hinterkante haben eine Doppelfunktion. Werden die beiden Steuerleinen links und rechts symmetrisch herabgezogen, wölbt sich das Gleitschirmprofil. Die Bremsleinen ziehen die Hinterkante zum Piloten herunter. Verbinden wir jetzt die Flügelspitze und die Hinterkante mit der theoretisch gedachten Profilsehne, fällt auf, daß sich der Anstellwinkel vergrößert hat. Für die Luftteilchen verändert sich die Profilhöhe, sie umströmen ein dickeres Profil.
Dicke Profile eignen sich für den Langsamflug. Ein großes Flugzeug kann das Profil nicht so einfach verändern, zudem stören die Landeklappen die Flügelleistung extrem. Ein Flugzeug hat nur ein nutzbares Profil. Bremst ein Gleitschirmpilot aus dem Normal- oder Schnellflug, wird die Geschwindigkeit für den dickeren Flügel zur »Überfahrt«. Die Energie läßt den Gleitschirm steigen, bis der dickere Flügel in langsame Normalfahrt übergeht.
Läßt der Pilot die Bremsen jetzt los, muß der Gleitschirm Fahrt aufnehmen. Bis zur notwendigen Strömungsgeschwindigkeit taucht der Schirm durch und verbraucht mehr Höhe als im Normalflug.
Ist die notwendige Geschwindigkeit erreicht, arbeiten alle Kräfte wieder mit der besten Leistung.

Stationärer Kurvenflug

Bevor wir die Einleitung einer Kurve im Detail angehen, betrachten wir die Wirkung der Kräfte in der Kurvenschräglage.
Im Kurvenflug erhöht sich das Gesamtgewicht eines Fluggeräts. Der Pilot spürt diese Wirkung mit der Beschleunigungsbelastung (g-Force). Wie bei einer Autofahrt durch eine Kurve addiert sich die Fliehkraft zum

Stationärer Kurvenflug

Körpergewicht, in diesem Fall zum Gewicht von Flugkörper und Pilot. Der Pilot wird in den Sitz gepreßt.

g-Force

Spätestens seit Einstein ist klar, daß die Geschwindigkeit Einfluß auf die Massenkräfte hat.
Das »g« ist die Dimensionszahl für die Erdanziehung (»g-Force«). Im Geradeausflug wirkt g einmal auf das Flugkörpergewicht. Bei verschiedenen Querneigungen verändert die Fliehkraft den Faktor:
- bei 30°: Gewicht x 1,15g
- bei 45°: Gewicht x 1,41g
- bei 60°: Gewicht x 2,00g

Der stationäre Kurvenflug

Kurvengewicht = Zentrifugalkraft (Fliehkraft) + Körpergewicht

Steilkurve

Aerodynamik

2g bedeutet, daß ein 80 kg schwerer Pilot im Kurvenflug sein Körpergewicht auf 160 kg verdoppelt. Im Kunstflug bringen es manche Flugzeugpiloten auf bis zu 6g. Diese Belastung ist beim Gleitschirm nicht möglich. Die Widerstandskräfte und das hohe Rückstellmoment verhindern und bremsen die Rotationsgeschwindigkeit ab, so daß im Durchschnitt nur 2g entstehen können. Aber auch für solch eine Belastung muß ein Gleitschirmpilot seinen Kreislauf trainieren, d. h. Konditions- und Ausdauertraining machen.

Gewichtsverlagerung

Alle Gleitschirme der neuen Generation lassen sich mit der richtigen Gurtzeugeinstellung (siehe »Flugpraxis«) und der Gewichtsverlagerung über das Sitzbrett steuern.
Die seitliche Verlagerung des Körpergewichts wirkt sich auf die Längsachse des Gleitschirms aus. Ein Drehmoment entsteht durch die Verschiebung des Schwerpunkts. Im Ausgleich verändern sich die aerodynamischen Kräfte am Druckpunkt, die Kurve wird eingeleitet.
Diese Steuerungsart macht nur Sinn, wenn sie den Steuerleineneinsatz unterstützt.

Steuerleineneinsatz

Mit dem Kurvenflug wird der neuralgische Punkt eines Gleitschirmflugs sichtbar. Kein anderes Fluggerät wird in der Kurve so um die Ecke gequält wie der Gleitschirm.
Wenn die Steuer- oder Bremsleine einseitig gezogen wird, kommt die Hinterkante des Gleitschirms herunter. Die Veränderung müßte dabei Auftrieb erzeugen, aber der Widerstand wächst gleichzeitig so enorm, daß der ganze Flügel sich wie festgehalten verhält. Der Gleitschirm dreht sich um den Widerstand, und die Auftriebserhöhung wird sozusagen vergessen.
Diese Kurventechnik arbeitet gegen die aerodynamischen Gesetze. Sinnvoll ist es für einen leistungsorientierten Piloten, durch Gewichtsverlagerung den Bremsleineneinsatz gering zu halten. Mit der Gewichtsverlagerung und der eingenommenen Schräglage wird die Kräftebilanz positiv beeinflußt.

Leistungsmerkmale für den Gleitschirm

Die Leistungskraft eines Gleitschirms wird durch die Gleitzahl, den Gleitwinkel und die Sinkgeschwindigkeit charakterisiert.

Gleitzahl

Ein Gleitschirm mit der zugeordneten Gleitzahl 6 fliegt bei einem Höhenunterschied von 1000 m bei ruhiger Luft genau 6 km weit.
Gut nutzbare Gleitschirme liegen bei einer Gleitzahl zwischen 5 und 8

Leistungsmerkmale für den Gleitschirm

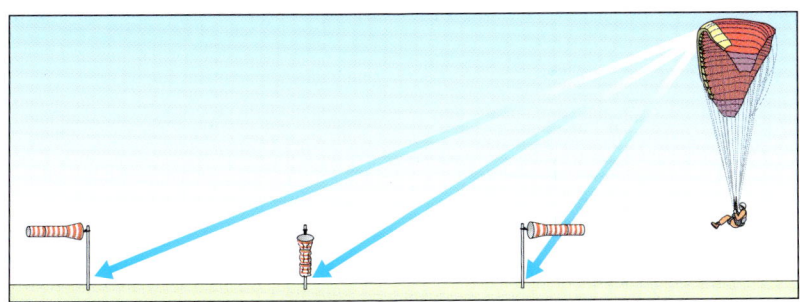

Der Gleitwinkel in Abhängigkeit von den Windverhältnissen

und einer Sinkgeschwindigkeit zwischen 1 und 1,5 m/s.
Im Zusammenhang mit dem Luftwiderstand eines Gleitschirmpiloten wird deutlich, wie die Gleitzahl unter ungünstigen Körperhaltungen leidet.

$$\text{Gleitzahl} = \frac{\text{Flugstrecke}}{\text{Höhe}}$$

$$\text{Gleitzahl} = \frac{\text{Auftrieb}}{\text{Gesamtgewicht}}$$

Gleitwinkel

Die Gradzahl ist abhängig von der Gleitzahl und der tatsächlichen Geschwindigkeit über Grund (Groundspeed).

Lilienthal-Polare

Otto Lilienthal entwickelte eine mathematische Kurve innerhalb eines Koordinatensystems. Noch heute werden solche Kurven für Profile entwickelt. Den Meßwert zur Flug- und Sinkgeschwindigkeit bildet die Geschwindigkeitspolare. An den Eckpunkten läßt sich über das Koordinatensystem die minimale und maximale Geschwindigkeit ablesen.
Legen Sie im Diagramm vom Nullpunkt aus die Tangente an die Polare und lesen Sie die Werte des besten Gleitens ab (für viele Konstruktionen der Normalflug). Tangieren Sie die Kurve entlang der Sinkwerte, um das geringste Sinken zu ermitteln. Mit Hilfe eines Varios und der Geschwindigkeitsmessung läßt sich der notwendige Bremsleineneinsatz genau erfliegen.

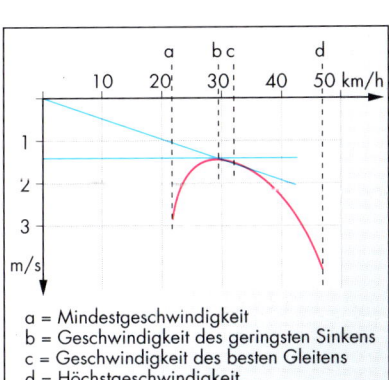

Geschwindigkeitspolare (Lilienthal-Polare)

a = Mindestgeschwindigkeit
b = Geschwindigkeit des geringsten Sinkens
c = Geschwindigkeit des besten Gleitens
d = Höchstgeschwindigkeit

Aerodynamik

Flächenbelastung

Die Flächenbelastung beeinflußt die Leistung eines Gleitschirms. Gleitschirmhersteller geben den Gewichtsbereich für die einzelnen Modelle genau an. Ist die angehängte Last des Piloten zu groß, fliegt der Gleitschirm für den Normalflug zu schnell und sinkt stärker.

Im umgekehrten Fall wird die Flächenbelastung zu gering, der Gleitschirm bekommt zu wenig Vortrieb, und die Bilanz der aerodynamischen Kräfte wird ungünstiger.

Für die optimale Nutzung gibt es ein Idealgewicht. Die Last wird durch die Entwicklung an der Geschwindigkeitspolare entschieden.

Extremflugzustände

Aufgrund der Gefahren im Training wird in diesem Buch auf die genaue Ausführung der Extremflugzustände verzichtet. Bitte nutzen Sie dafür die Ausbildung einer staatlichen Gleitschirmflugschule. Es folgen nur ausgesuchte Hinweise zur Aerodynamik.

Asymmetrische Frontdeflation oder seitlicher Klapper

Dieser Flugzustand wurde bereits auf S. 54 beschrieben. Ein Teil des Flügels unterschneidet die Strömung und verliert den aufblähenden Staudruck. Die Flügelseite weht wie eine Stoffahne unter dem restlichen Flügel. Dadurch steigt der Flächenwiderstand an der kollabierten Seite. Er zwingt

Links: Klapper auf der linken Seite
Rechts: Der Pilot steuert gegen und öffnet den Klapper

Extremflugzustände

Kurvenflug

den Gleitschirm in den Kurvenflug. Gefahr entsteht nur dann, wenn der Pilot nicht reagiert und das Gegensteuern unterläßt. Ein weiteres Risiko birgt die Stoffahne, wenn sie sich großflächig in den Leinen verhängt. Durch das Einklappen leitet der Gleitschirm die Kurve selbständig ein. Zeigt der Pilot immer noch keine Reaktion, wird der Gleitschirm eine stabile Steilspirale fliegen.

Steilspirale

Sie wird mit sehr engen Kurven geflogen (Querneigung 60–90°). Die g-Force steigt bis zum Maximalwert des doppelten Körpergewichts. Ab 60° Schräglage neigt sich der Flügel mit der Vorderkante (Nase) in Sturzrichtung auf den Boden zu. Es entstehen Spitzengeschwindigkeiten bis zu 18 m/s (65 km/h).

Aerodynamik

Die Ausleitung erfolgt durch ein gefühlvolles Freigeben der Bremsleine. Der Schirm steigt durch die Überfahrt in die Höhe. Der Pilot muß nur das Vorwärtsschießen der Kappe verhindern.
Eine extreme Steilspirale empfiehlt sich als Notabstiegshilfe, um den Boden kontrolliert und schnell zu erreichen.

Frontstall

Der Frontstall ist die Sturzflugreaktion für den Gleitschirm.
Ein Gleitschirm klappt über die ganze Vorderkante ein. Aufgrund der Fahrt wird sich der Pilot danach weiter in Flugrichtung bewegen. Dadurch wird der Flügel wieder in einen positiven Anstellwinkel gezogen. In der Regel füllt sich der Schirm symmetrisch. Der Pilot muß nur bereit sein, das Vorschießen der Kappe mit den Bremsen zu verhindern.
Die A-Leinen werden während der Öffnung extrem belastet. Schadhafte Leinen können im ungünstigen Fall reißen. Die gleiche Gefahr besteht bei einer asymmetrischen Öffnung. Einzelne Leinen werden bis über die Maximallast belastet. Im schlimmsten Fall könnte ein »Reißverschluß« entstehen: Die Frontreihe reißt durch die Belastung, dabei gibt jede gerissene Leine die Last an die benachbarte Leine weiter.
Dieser Flugzustand wird im Training durch das Herunterziehen der A-Tragegurte simuliert. Die Piloten empfinden diese Übung zwar als einfach, für Pilot und Fluggerät ist dieses Manöver aber das gefährlichste.

Sackflug oder Stall

Der Anstellwinkel ist so groß, daß die Oberseite des Flügels die Strömung verloren hat. Der Staudruck verbleibt in den Kammern. Der Gleitschirm sinkt wie ein Fallschirm mit Sinkgeschwindigkeiten von 6–8 m/s. Ist der Pilot bodennah, bereitet er sich auf eine harte Landung vor: Er verwendet die Falltechnik der Fallschirmspringer (siehe »Landefall«).

Fullstall

Dieser Flugzustand entsteht meist bei Anfängerpiloten, die die Stallgeschwindigkeit nicht einschätzen können und den Gleitschirm im Langsamflug überziehen. Der Pilot pendelt aufgrund der Bremswirkung vor den Schirm (wie auf einer Schaukel). Er hat den Eindruck, daß er nach rückwärts auf den Rücken fallen wird. Der normale Reflex des Stürzenden zwingt den Piloten, hinter sich zu greifen und sich abzustützen. Dadurch werden die Bremsleinen noch tiefer heruntergezogen. Der Gleitschirmflügel entleert sich komplett ohne den Fahrtwind. Der Pilot sackt schlagartig durch. Es können Sinkgeschwindigkeiten von 8–12 m/s erreicht werden.
Diese Extremsituation bedarf gezielter fachlicher Anleitung, um der objektiven Gefahr zu entgehen.

Notabstieg

Der Pilot wartet mit den vollständig gezogenen Bremsen ab, bis er wieder senkrecht unter der entleerten Kappe hängt. Dann nimmt er die Arme und Bremsleinen wieder hoch. Dieses geschieht entschlossen, jedoch nicht schlagartig. Das Vorwärtsschießen der Kappe muß verhindert werden. So nimmt der Gleitschirm wieder die Normalfahrt auf.

Trudeln

Die komplexeste Extremflugfigur wird auch »Spin« oder »Negativdrehen« genannt.
In einer sehr engen Kurve setzt der Pilot die Bremse zu hart ein. Der Widerstand wächst so enorm, daß die gebremste Hälfte des Flügels gestallt wird. Der Flügel fängt an, sich um sich selbst zu drehen. Der Pilot wird dieser Trudelbewegung nachgerissen.
Alle geprüften DHV-Schirme gehen nach dem Lösen der Bremsen selbständig aus der Trudelbewegung heraus. Der Pilot verhindert je nach Öffnungszeitpunkt eine Einklappung oder das Vorwärtsschießen der Kappe.

Notabstieg

Mit »Notabstieg« werden drei extreme Flugzustände oder besser -verfahren bezeichnet:
- »Ohren anlegen«
- B-Stall
- Steilspirale

Die aufgeführten Flugverfahren sind über den Normalflug hinaus zu erlernende Ergänzungen. Die Beherrschung dieser Flugtechniken wird meist in fliegbaren Grenzsituationen notwendig. Deshalb sollte jede einzelne Technik immer wieder auf dem Trainingsplan berücksichtigt sein.
Die gesetzliche Ausbildungsordnung für Gleitschirmpiloten hat sich diesem Training verweigert: »Piloten müssen mit ihrem erlernten Wissen so planen können, daß sie Gefahren frühzeitig erkennen.« Trotzdem kann es immer vorkommen, daß ein Pilot in eine nicht vorhersehbare Gefahr kommt. Die Verantwortung wurde jedoch dem Piloten übertragen.

»Ohren anlegen«

Über die auf der linken und rechten Seite äußeren A-Leinen wird der Gleitschirm im Außenflügelbereich eingeklappt. Die Flügelfläche wird für den Normalflug verkleinert, die Flächenbelastung steigt. Der Gleitschirm wird nicht schneller, er sinkt nur schneller. Die Sinkwerte liegen bei 4–6 m/s.
Mit dem zusätzlichen Einsatz des Beschleunigersystems wird dieses Verfahren bei starken Turbulenzen angewendet. Der Staudruck des Flügels ist sehr hoch.
Will der Pilot in den Normalflug zurück, öffnet er die »Ohren«. Beidseitiger Bremseinsatz unterstützt die Öffnung der kollabierten Flügelenden. Zu beachten ist: Zieht der Pilot die

Aerodynamik

A-Leinen zu stark oder unbeholfen, kollabiert die ganze Front; es kommt zum Frontstall.

B-Stall

Die ersten Übungen für diese Technik sollten Sie immer unter Anleitung und »mit doppeltem Boden« fliegen. Im Sicherheitstraining werden zusätzlich zur normalen Sicherheitsausrüstung ohnmachtssichere Schwimmwesten über einem See eingesetzt.
Der B-Stall ist ein Sackflug. Der Pilot verformt den Gleitschirmflügel mit Hilfe der B-Leinen-Reihe, daher B-Stall. Die Hände greifen die B-Tragegurte und ziehen sie ca. 20 cm tiefer. Durch den Zug knickt der Flügel entlang der B-Reihe ein, und die Segeloberseite verliert die Strömung. Der Gleitschirm reduziert die Fahrt und fängt an, senkrecht zu sinken. Die Sinkwerte liegen bei 10–15 m/s. Um effektiv Höhe zu verlieren, ist dieses Verfahren für den Piloten angenehm. Er spürt im Gegensatz zur Steilspirale keine Beschleunigungsbelastung.
Um das Sinken zu beenden, läßt der Pilot die Tragegurte entschlossen los. Jetzt kommt es darauf an, daß der Gleitschirm wieder Fahrt aufnimmt. Einige Gleitschirmtypen verweilen einige Zeit im Sackflug. Würde der Pilot jetzt die Flugrichtung mit der Bremsleine einstellen, würde der Gleitschirm mit einer Trudelbewegung reagieren – je nach Bodenabstand sehr gefährlich!

Steilspirale

Die Steilspirale ist die letzte Technik der Notabstiegshilfen. Sie wurde bereits auf S. 63 beschrieben.
Sie ist nach Meinung der meisten Aerodynamiker die sicherere Lösung gegenüber dem Einsatz des B-Stalls. Es macht keinen Sinn, an einem stabil fliegenden Flügel die Strömung wegzunehmen, wenn man sich nicht sicher sein kann, daß der Flügel die Strömung wieder aufbaut.

Wetterkunde

Wetterkunde

Die Meteorologie erklärt und bewertet die physikalischen Wechselwirkungen in der Lufthülle. Erstaunlich ist, wie viele Piloten ihren eigenen Wetterbeobachtungen mißtrauen. Die Schwierigkeiten liegen offenbar nicht im Verständnis der Sache, sondern in der Bewertung des eigenen Wissens.
Als Flieger können Sie Ihr Wissen beschränken und trotzdem ein sicherer Pilot sein. Sie müssen nur so viel Wissen sammeln, daß Sie Ihre Wetterbeobachtungen eindeutig zuordnen können. Der vorliegende Stoff deckt die Mindestanforderungen für den Gleitschirmsport ab.

Die Atmosphäre

Die Atmosphäre hat in ihrer Funktion viel mit einer Apfelsinenschale gemeinsam. Sie schützt von äußeren Einflüssen und reguliert das Wachstum darunter.
Der Atmosphärenrand ist zwischen 1000 und 2000 km vom Erdboden entfernt. Diese Schwankungen wurden erst vor zwei Jahren durch spezielle Meßsonden bestätigt. Es ist umstritten, ob sich Atmosphärenteile zeitweise wie ein springender Tropfen über den Rand hinaus bewegen und nach einer Zeit wieder eintauchen. Der Verlust von Atmosphärenanteilen ist unwahrscheinlich.

Trockene Luft

Bestandteile der trockenen Luft in Volumenprozent:
- Stickstoff 78 Vol.-%
- Sauerstoff 21 Vol.-%
- Edelgase 1 Vol.-%

Feuchte Luft

Wasserdampf oder auch gasförmiges Wasser gibt es beinahe ausschließlich in der Troposphäre. Ein Quantum Troposphärenluft kann bis zu maximal 4 Vol.-% Wasser aufnehmen, besteht dann also aus 96 Teilen Luft und 4 Teilen Wasser.

Das relative Molekulargewicht:
- trockene Luft 29
- feuchte Luft 18

Diese Massendifferenz bedeutet, daß feuchte Luft leichter ist als trockene.

Die Wetterschicht

Troposphäre

Die Troposphäre ist die Atmosphärenschicht, in der sich das eigentliche Wettergeschehen abspielt. In den mittleren Breiten reicht sie bis etwa 11 km in die Höhe. An den Polen liegt die Massengrenze bei 6–8 km, am Äquator in 16–18 km Höhe. Die Grenzen sind je nach Jahreszeit unterschiedlich.
Besonders kennzeichnend für die Troposphäre ist eine kontinuierliche

Wetterkunde

Die Wetterbeobachtung ist ein Muß für den Paraglider

Luftdruck

Temperaturabnahme. Die Meteorologen rechnen mit einer durchschnittlichen Temperaturabnahme von –0,65° pro 100 Höhenmeter.

Peplosphäre

Bis in eine Höhe von 1500 m existieren flache Schichten, die durch den Einfluß des Bodens starke Veränderungen durchmachen. An manchen Tagen werden diese Schichten so abgekühlt, daß sich in der Höhe die Temperatur umkehren kann. Eine Grenzschicht entsteht, die Inversion. Die Grenze wirkt wie ein Mantel: Peplosphäre bedeutet Mantelschicht.

Luftdruck

Entscheidend für viele Überlegungen in der Wetterkunde und bei den Thermikbeobachtungen ist, daß der Luftdruck in der Troposphäre exponentiell mit der Höhe abnimmt. Der Luftdruck halbiert sich bereits in einer Höhe von 5500 m, d. h., die Hälfte der ganzen Atmosphärenluft ist komprimiert in einer Schicht bis 5500 m zu finden; eine extrem ungleichmäßige Druckverteilung.

Höhe	Luftdruck
0 m	1013 hPa
5 500 m	500 hPa
11 000 m	250 hPa
16 500 m	125 hPa

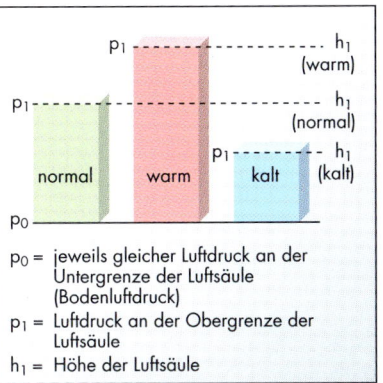

p_0 = jeweils gleicher Luftdruck an der Untergrenze der Luftsäule (Bodenluftdruck)
p_1 = Luftdruck an der Obergrenze der Luftsäule
h_1 = Höhe der Luftsäule

Der Luftdruck in Abhängigkeit von der Temperatur

Horizontale Druckverteilung

Täglich messen 203 Wetterstationen in der Bundesrepublik zu genau festgelegten Zeiten den Luftdruck am Boden. Durch mathematische Formeln verändern die Meteorologen die Werte so, daß sie vergleichbar werden: Sie reduzieren den gemessenen Luftdruck auf Meeresniveau. Dann werden die gewonnenen Werte in eine Bodenwetterkarte eingetragen. So entstehen die typischen Linien der Wetterkarten. Es sind Linien gleichen Luftdrucks, genannt Isobaren. Der rechnerische Abstand zwischen zwei Linien beträgt 5 hPa. Jede Linie begrenzt eine Luftmasse mit gleichem Luftdruck.

Wichtig ist die horizontale Druckverteilung für die Entstehung des Windes als Ausgleichsbewegung. Bodennah fließt die Luft vom hohen Luftdruck zum niederen. Je näher die Isobaren aneinanderliegen bzw. je größer der Luftdruckunterschied ist, um so stärker bläst der Wind.

Wetterkunde

Der Gradientwind als Kräftegleichgewicht von Druckgradient-, Coriolis- und Zentrifugalkraft

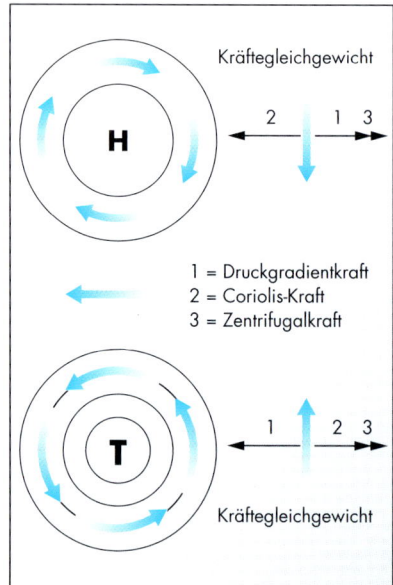

1 = Druckgradientkraft
2 = Coriolis-Kraft
3 = Zentrifugalkraft

Strömungsverhältnisse in Bodennähe: Windrichtung und Lage von Hoch und Tief aus der Sicht einer Person, die den Wind im Rücken hat

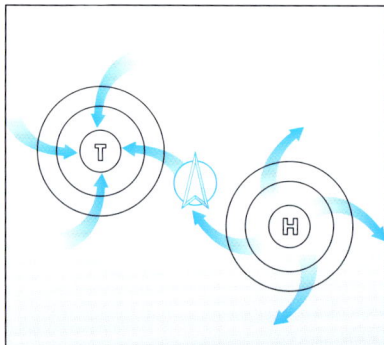

Doch ganz so geradlinig verhält sich der Wind nicht. Das liegt an der Erdrotation. Bewegt sich ein Luftteilchen auf seiner Ausgleichsbahn, dann wird es durch die Erdrotation abgelenkt. In der Physik wird diese Wirkung als Coriolis-Kraft bezeichnet.

Die Erdrotation lenkt die Bewegung auf der nördlichen Halbkugel immer nach rechts ab, im Uhrzeigersinn. Die tatsächliche Geschwindigkeit wächst mit der Ablenkung so lange, bis sich die Druckkraft der Luft und die Coriolis-Kraft fast im Gleichgewicht halten. Das mathematische Gleichgewicht wird nur dann erreicht, wenn die Reibungskraft und die Wirkungsweise der Zentrifugalkraft berücksichtigt werden.

Vom Hoch zum Tief

Aus einem Hochdruckgebiet (H) fließt die Luft am Boden spiralförmig ab. Der Beobachter im Weltall erkennt diese Strömung an der Ablenkung im Uhrzeigersinn. In entgegengesetzter Drehrichtung fließt die Luft in ein Tiefdruckgebiet (T) ein (entgegen dem Uhrzeigersinn).
Beobachtet ein Kundiger den Bodenwind von Westen, so wird die Coriolis-Kraft noch eine zusätzliche Veränderung in der Höhe bewirken. In zunehmender Höhe wird die Kraftwirkung den Wind weiter nach rechts ablenken. Die Windrichtung dreht auf Nord.
Dies läßt sich so erklären: In der Höhe nimmt die Reibung ab, dadurch steigt die Windgeschwindigkeit. Dazu kommt der Einfluß der Coriolis-Kraft. Die Abweichung nimmt zu. »Den Wind im Rücken: vorne links das Tief und hinten rechts das Hoch« – mit diesem Merksatz läßt sich die örtliche Lage der Druckgebiete zueinander bestimmen.

Wind und Wasser

Windrichtung und Windgeschwindigkeit

Die Windrichtung wird immer mit einer Gradzahl angegeben. Die Luftfahrt verwendet eine Kompaßrose mit 360°-Einteilung. Zu dieser Gradzahl wird eine Windgeschwindigkeit in Knoten angegeben, die sich leicht mit einem »Windspion« (Windmeßgerät) messen läßt:
1 Knoten (kt) = 1,8 km/h = 1 nautische Meile (NM).
Die Windangabe 135/15 etwa bedeutet Südostwind mit 15 Knoten (27 km/h).

Umrechnungstabelle

m/s x 2 = kt
kt x 0,5 = m/s
(m/s x 4) − 10 % = km/h
(km/h x 0,25) + 10 % = m/s
(ft x 0,33) − 10 % = m
(m x 0,33) + 10 % = ft
(km/h x 0,5) + 10 % = NM

Wasser in der Troposphäre

Wie wesentlich das Wasser für die unterschiedlichen Wetterformen ist, zeigt sich spätestens mit der Entwicklung einer Nebelbank oder bei Eisregen auf der Straße. Wasser ist eine variable Größe im Gasgemisch der Luft. Die Fachleute reden von Wasserdampf, der in Volumenprozent beschrieben wird. Ein Quantum Luft kann bis zu vier Raumanteile Wasserdampf aufnehmen (siehe S. 67). Ist das maximale Fassungsvermögen von 4 Vol.-% erreicht, ist die Luft gesättigt, die Luftfeuchtigkeit beträgt 100 %. Werden die 100 % überschritten, kondensiert der Wasserdampf; es kommt zu Nebel, Wolken, Regen.

Wasserdampf

In der Meteorologie ist der Wasserdampf ein unsichtbares Gas, deshalb unterscheidet er sich vom Dampf über dem Kochtopf. Dieser Dampf läßt sich mit seinen winzigen Wasser-

Phasenübergänge:

Vorgang	Phasenübergang	Energieumsatz
Verdunstung	flüssig → gasförmig	Verbrauch
Kondensation	gasförmig → flüssig	Gewinn
Schmelzen	fest → flüssig	Verbrauch
Gefrieren	flüssig → fest	Gewinn
Sublimation	fest → gasförmig	Verbrauch
Sublimation	gasförmig → fest	Gewinn

Wetterkunde

tropfen bereits der flüssigen Phase zuordnen.
Der Wasserdampf einer Wolke ist leichter und feiner als der Bodennebel.

Taupunkt:
Der Taupunkt ist ein Temperaturwert und wird in °C angegeben. Er beschreibt den Punkt der Wolkenbildung: Wasserdampf kondensiert.

Taupunktdifferenz:
Die Taupunktdifferenz ist ein Temperaturabstand zwischen der örtlich gemessenen Temperatur und dem Taupunkt. Je größer der Differenzbetrag, um so mehr Feuchtigkeit kann die Luft noch aufnehmen, bevor sie als Wolke sichtbar wird.

Wolkenentstehung

Die Wolkenbildung erklärt sich von selbst, wenn wir die möglichen Veränderungen der Luft miteinander verbinden.
Wird ein Luftquantum vertikal angehoben, dann nimmt der Teilchendruck ab. Diese Luftdruckveränderung läßt eine Ausdehnung und Abkühlung des Gases zu. Umgekehrt würde eine Senkung eine Komprimierung und Erwärmung bedeuten. Drucksteigerung wirkt »abtrocknend«, dementsprechend führt Senkung zu Kondensation.
Die Odyssee der Luftdruckveränderung endet mit dem Erreichen des Taupunktes. Die erreichte Höhe wird Kondensationsniveau genannt. Der Wasserdampf wird sichtbar und hält sich an kleinen Staubteilchen fest. Diese Staubteilchen erst machen die Wolke sichtbar. Wasserdampf braucht einen Kondensationskeim, an dem ein Energieaustausch stattfinden kann. Die Veränderung von Gas zu Flüssigkeit bedeutet Energieabgabe. Die Wärmeenergie wird über den Partner abgegeben. Erinnern Sie sich an den Wasserdampf während eines heißen Bades: Die Feuchtigkeit schlägt sich vornehmlich an Spiegeln, Armaturen und Fenstern nieder.
Bis zu dem Zeitpunkt, an dem die Luft ihren Wasserdampf sichtbar abgibt, werden die Zustandsänderungen als »trockenadiabatisch« bezeichnet.

Adiabatische Vorgänge

Ganz egal, wie die Luft zum Aufsteigen gezwungen wird; solange das Quantum noch nicht mit Feuchtigkeit gesättigt ist, erfolgt dies trockenadiabatisch. Nur durch die Ausdehnung der Luft wird die Temperatur gesenkt, das aufsteigende Luftpaket kühlt sich um 1 °C pro 100 Höhenmeter ab. Ganz anders verhält sich die Wärmebilanz ab dem Kondensationsniveau. Durch die Kondensation gewinnt die Luft an Energie. Sie kühlt dann »feuchtadiabatisch« ab. Detailliert bedeutet dies einen Abkühlungswert zwischen 0,9 und 0,3 °C. Der Energiegewinn ergibt einen Temperaturvorsprung gegenüber der Umgebungsluft der gesamten Hebung. Denken Sie an die warme, aufstei-

Adiabatische Vorgänge

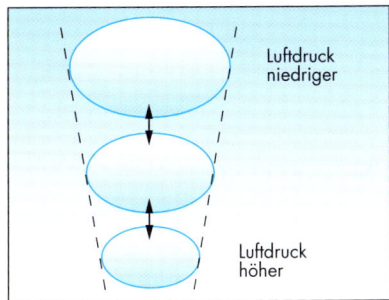

Mit der Entstehung eines Hochdruckgebiets sinken Luftmassen auf den Boden ab. Der Luftdruck steigt. Die Luft erwärmt sich durch die Kompression. Sie trocknet durch die Erwärmung ab; Wolken lösen sich unter diesem Einfluß auf.

Der Motor des Wetters

Daß die Erde kugelförmig ist, wird seit Galilei niemand mehr bestreiten. Aber daß die Sonne der Motor jeglichen Wetters ist, ist noch nicht so bekannt.
Die Sonnenstrahlen treffen nicht überall im gleichen Winkel auf den Erdboden. Dadurch wird die tägliche Energiebilanz beeinflußt. Deutlich wird diese Tatsache durch die Jahreszeiten. Je senkrechter die Wärmestrahlen auf die Erdoberfläche treffen, desto mehr Energie wird an die darüber lagernde Luft abgegeben. Der Erdboden ist quasi die »Herdplatte« für die Luft. Die Wärmestrahlen können Luft nie direkt erwärmen.

Modellhafte Darstellung aufsteigender Luftkörper bei adiabatischer Abkühlung: Aufsteigende Luft dehnt sich in der Höhe aus

gende Luft in einem Heißluftballon. Das Gleichgewicht zwischen den Luftmassen wird durch den Einsatz des Brenners verschoben. Die zustandsveränderte Luft in dem Ballon will sich dem Zustand der Umgebungsluft anpassen. Sie steigt bis in eine Höhe, in der der Teilchendruck (Luftdruck) innerhalb und außerhalb der Ballonhülle gleich sind.
Für den Hebungsvorgang bedeutet die Kondensation einen zusätzlichen Temperaturvorsprung. Die Luft findet ihr Gleichgewicht erst in noch größerer Höhe. Eine Wolke wächst und wird immer größer, je mehr Energie in die Höhe getragen wird.

Energie:		
Ursache	Wirkung	Abkühlung
Sonnenkraft	trockenadiabatisch	1 °C pro 100 m
Sonnenkraft	feuchtadiabatisch	0,3–0,9 °C pro 100 m
mechanisch	trockenadiabatisch	1 °C pro 100 m
mechanisch	feuchtadiabatisch	0,65 °C pro 100 m

(Sonnenenergie = thermisch; mechanische Energie = Aufstieg an einem Hindernis, z. B. einem Berg oder einer Luftmassengrenze wie etwa einer Wetterfront)

Wetterkunde

Boden und Wärme

Bodennah muß die Luft infolgedessen nach einer Erwärmung aufsteigen, bis sie abgekühlt ist und an einer anderen Stelle wieder zu Boden sinkt. Es gibt feste Zirkulationsmuster, die die Erde wie Gürtel umspannen. Die einfachste Vorstellung ist dabei, daß die Luft äquatornah in die Höhe gehoben wird und in Richtung der beiden Polkappen abfließt. Bodennah strömt die Luft auf den Äquator zu. Ganz so einfach ist der Vorgang aber doch nicht.
Betrachten wir die nördliche Halbkugel. Es entwickeln sich hier drei Strömungsgürtel auf dem Weg zum Nordpol. Zwischen zwei Strömungsgürteln kann die Luft in die Höhe ziehen oder absinken. Dieses Muster ist für die Bildung von Hoch- und Tiefdruckgebieten verantwortlich. Die Alpen liegen genau in einem Tiefdruckrinnengürtel. Mit dieser Beschreibung wird die Wechselhaftigkeit der Wettererscheinungen in unseren Breiten klar. Die Zirkulationsstörungen sind abhängig vom Erdachsenstand im Winkel zur Sonne und vom Reibungseinfluß der rotierenden Erde.

Thermik

Thermik

Die Thermik wird von den Fliegern als lokales Zirkulationsmuster verstanden. Die Sonnenenergie erwärmt den Erdboden unterschiedlich stark. Die Energiedifferenzen sind abhängig vom Winkel der Einstrahlung und der Energieabgabe des Untergrunds. Schatten verhindern die Erwärmung, und Feuchtigkeit zieht die Wärme tief in den Boden ab.

Thermischer Aufwind entsteht dann, wenn die erwärmte Luft einen Temperaturvorsprung von ungefähr 2 °C entwickelt hat. Der Ausgleich erfolgt jeweils in einem festen Zirkulationsmuster. Selbst kleinste Luftdruckveränderungen lassen sich mit einem Variometer messen.

Die bodennah erwärmte Luft durchstößt die über ihr liegenden Luftschichten und steigt auf, bis sich im adiabatischen Sinn ein Gleichgewicht einstellt. Nach dem Aufstieg fehlt am Boden Luftmasse, was zu einem lokalen Ausgleich führt: Kühle Luft strömt nach. Der Kreislauf schließt sich, wenn die abgekühlte Luftmasse am »Thermikschlauch« wieder zu Boden fließt. Dadurch wird klar, daß überall im Gelände, wo sich die Luft besonders gut erwärmen kann, ein solcher Kreislauf die Umgebungsluft dominiert. Die Thermikschläuche lassen sich mit etwas Übung im Gelände ablesen. Die detaillierte Suche nach »ausfliegbarer« Thermik zu erklären, würde den Umfang dieses Buches sprengen.

Thermik

Wetterkunde

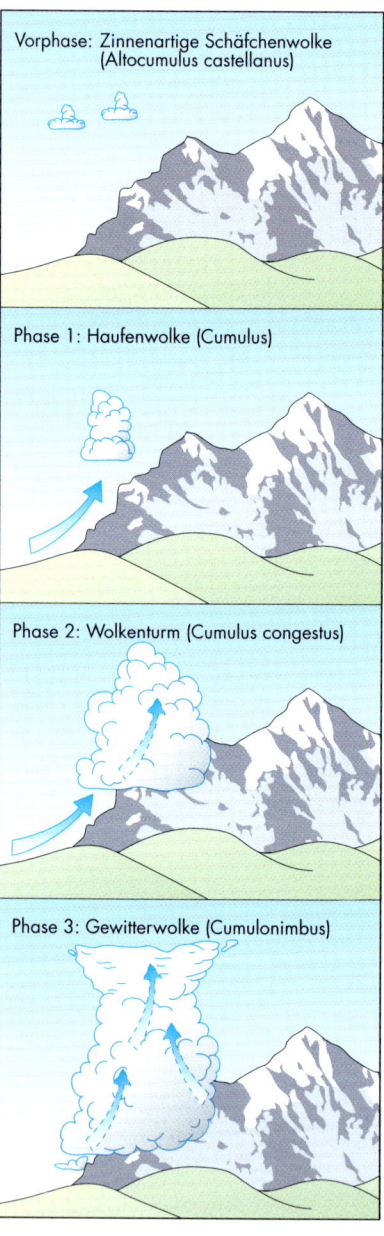

Entstehung eines Wärmegewitters in vier Entwicklungsphasen

Vorphase: Zinnenartige Schäfchenwolke (Altocumulus castellanus)

Phase 1: Haufenwolke (Cumulus)

Phase 2: Wolkenturm (Cumulus congestus)

Phase 3: Gewitterwolke (Cumulonimbus)

Überlegungen zur Stabilität des Wetters

Je größer der Temperaturvorsprung einer Luftmasse durch die Wärmeenergie wird, um so instabiler werden die Wetterabläufe. Ideale Tage für große Temperaturdifferenzen finden sich vor allem im Frühjahr. Im Gegensatz dazu ist das Wettergeschehen in herbstlichen und hochwinterlichen Tagen sehr ruhig.

Bei Inversionslagen erweist sich die Isothermie als besonders stabil. Für die Thermik stellt sie jedoch oft ein undurchdringliches Hindernis dar. Sie stoppt die Aufwärtsbewegung der Luft.

Bei einer neutralen Schichtung kühlt die aufsteigende Luft in gleichem Maß ab wie die Umgebungsluft. Der Temperaturvorsprung bleibt in diesem Fall erhalten, und die Aufstiegsgeschwindigkeit (Steigwert) ändert sich mit der Höhe nicht. Ist die Luft labil geschichtet, wird der Temperaturvorsprung der thermischen Luft mit der Höhe größer und der Steigwert nimmt zu.

Gewitter

Gefährlich wird die labil geschichtete Luft, wenn die Temperaturdifferenz im feuchtadiabatischen Sinn zunimmt. Der Temperaturvorsprung steigt erheblich, und die »Aufstiegsbedürfnisse« der Luftmassen werden besonders groß.

Gewitter, Fronten

Das Ergebnis ist ein Sonderfall, den wir als Gewitter kennen.
Piloten erkennen diese feuchtlabile Schichtung an hochreichenden Wolkentürmen. Vollkommen ungebremst stoßen sie in die Höhe.
Dieses Wechselspiel verhält sich wie ein Jo-Jo um das Kondensationsniveau. Solange in aufsteigender Luft keine Kondensation auftritt, wirkt die Vertikalbewegung gedämpft.
Im feuchtadiabatischen Niveau pendelt die Luftmasse um die Kondensationsebene. Der stetige Wärmegewinn bringt die Energie in immer größere Höhen, bis die Wolkenmasse schließlich an der Tropopause gestoppt wird.
Sobald eine große Quellwolke in der Höhe vereist, wird sie als Cumulonimbus (Gewitterwolke) bezeichnet. Eine Cumulus-Wolke vereist nicht sofort, wenn die Luftmassen die Temperatur von null Grad erreicht haben. Dies geschieht erst bei sehr viel niedrigeren Temperaturen. Der Grund liegt in einem fehlenden Initial für die Eisbildung: zuwenig Gefrierkeime in der Luft.
Im Extremfall gibt es Wolkenelemente mit einer Unterkühlung von –40 °C bis –70 °C.
Bildet sich Eis an den Wassertröpfchen, so fließt die Gewitterwolke in die Breite: Die typische »Amboß«-Form entsteht.
Eine Cumulonimbus durchläuft drei Lebensphasen:
1. Cumulus-Stadium
2. Reifestadium
3. Auflösestadium

Gewittergefahren:
- Aufwindzellen mit Windgeschwindigkeiten bis zu 50 m/s, in Afrika bis zu 80 m/s
- starker Bodenwind (30–60 km/h)
- extreme Turbulenzen (Böenwalze)
- Kaltluftausfluß mit Niederschlag; der Kaltluftkeil kann bis zu 30 km entfernt sein. Durch Täler wird er oft in noch größere Weiten kanalisiert (60 km sind keine Seltenheit).
- Blitz-, Eis- und Hagelschlag

Diese Begleiterscheinungen kosten unvorsichtigen Gleitschirmpiloten das Leben. Es gibt neben dem frühzeitigen Erkennen des Gewitters keine rettenden Maßnahmen!

Fronten

In den letzten Abschnitten wurde vertikal bewegte Luft beschrieben. Beim Beschreiben von Fronten reicht das nicht aus. Eine Front ist eine Luftmassengrenze, die sich wie eine Mauer über das Land bewegt. Hinter der Mauer folgt ein See gleichförmiger Luft. Das Wettergeschehen spielt sich unmittelbar an der Mauer ab. Die von der Front getroffene Luft kämpft mit den Veränderungen, wie wenn sie auf einen Berg gehoben wird. Das Wettergeschehen an einer Front ist also zum großen Teil mechanisch bedingt. Die Bildung von Wolken an einer Warmfront hat sehr viel gemeinsam mit der Wolkenbildung an einem Berg. Die vertikale Hebung löst die Adiabatik aus.

Wetterkunde

Blockbild einer Kaltfront (steiler als die Warmfront)

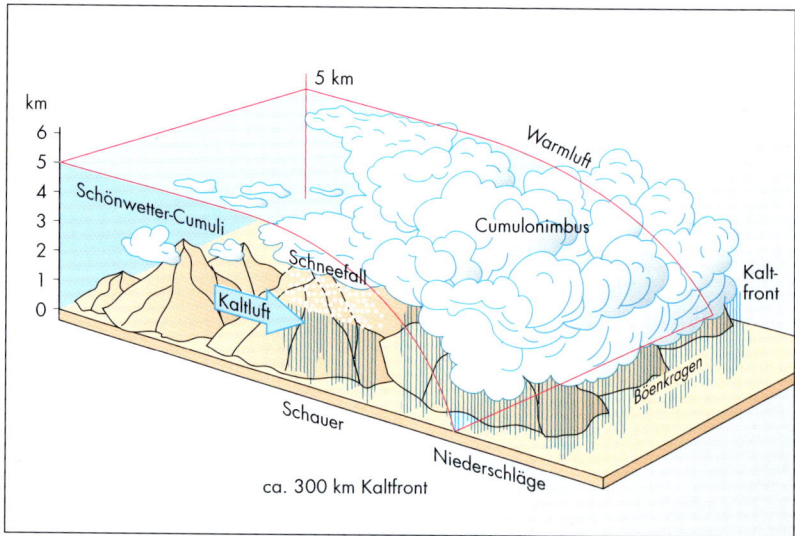

Die Idealzyklone

Eine Zyklone ist eine typische Wettererscheinung im Tiefdruckrinnengürtel. Dieses Wetterkartenbild wird gern als Tiefdruckwirbel bezeichnet.
Der Lebenslauf einer Idealzyklone in der Grafik ganz rechts zeigt auf, mit welchen Wetter- und Wolkenerscheinungen im Tief zu rechnen ist.
In der Natur wird der Idealzustand einer Zyklone nur annähernd erreicht. Trotzdem ist es möglich, die Luftmassengrenzen durch ihr Erscheinungsbild eindeutig zuzuordnen. Die Erscheinung wandert von West- in Ostrichtung.
Eine Zyklone besteht aus folgenden Bestandteilen:
1. Warmfront mit Vorderseite
2. Warmsektor
3. Kaltfront mit Rückseite

Wir beschreiben einen Querschnitt südlich des Tiefdruckkerns. Dabei zerschneidet unsere Beobachtung die einzelnen Bestandteile in der Vertikalen.

Vorderseitenwetter

Es kündigt sich für den Beobachter am Boden mit einem anhaltenden Luftdruckabfall an. Annähernd zur gleichen Zeit lassen sich Eiswolken (Cirren) beobachten. Cirren sind die Vorboten einer kompakten Aufgleit- und Aufzugsbewölkung.
Die heranziehende Warmluft gleitet auf die ruhende Kaltluft auf. Die Massen- und die Bewegungsenergie reichen nicht aus, die kalte Luftmasse vor sich herzuschieben. So wird die Kaltluft wie ein Keil verformt. Auf diesen Keil schiebt sich die in Bewe-

Die Idealzyklone

gung gebrachte Luft auf. Nur so ist es möglich, die kalte und schwere Luftmasse zu verdrängen.

Warmfront

Die Aufgleitbewölkung verdichtet sich bis zu einer Höhe von 3000 m. Danach kann mit Niederschlag gerechnet werden. Die Schichtbewölkung (Stratos) verdichtet sich zu einer mächtigen Regenschichtwolke (Nimbostratos).
Ununterbrochen regnet es, bis die Bewegungsenergie die Wolke fortgetragen hat. Kleine Wolkenfetzen können sich aus dem ausfallenden Niederschlag gelöst haben (Stratos- und Cumulus-Bewölkung).
Die Frontfläche ist je nach Standort gut 300 bis 800 km breit. Die ersten Eiswolken werden in einer Höhe von 7000 bis 10 000 m sichtbar. Die Front bewegt sich mit einer durchschnittlichen Geschwindigkeit von ca. 30 km/h.

Warmsektor

Nach dem Durchzug der langen Warmfront hört der Niederschlag auf. Die erreichte Lufttemperatur bleibt nahezu konstant. Es folgt der wärmste Teil einer Zyklone.
In einem Warmsektor herrscht schlechte Sicht, die Luftfeuchtigkeit ist erhöht. Es weht ein Wind aus südwestlichen Richtungen. Die zuvor geschlossene Wolkendecke wird zerrissen, und der Himmel hellt sich auf. Je nach Jahreszeit entwickeln sich

Lebenslauf einer Zyklone

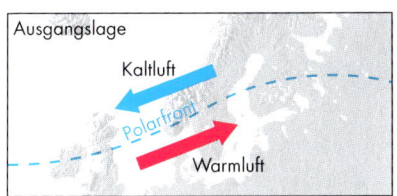

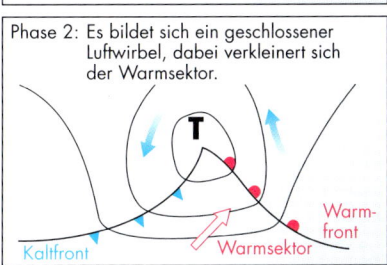

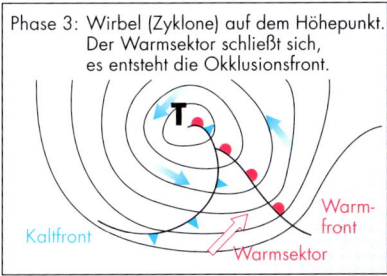

Wetterkunde

Das Wettergeschehen hat für den Gleitschirmflieger zentrale Bedeutung

Die Idealzyklone

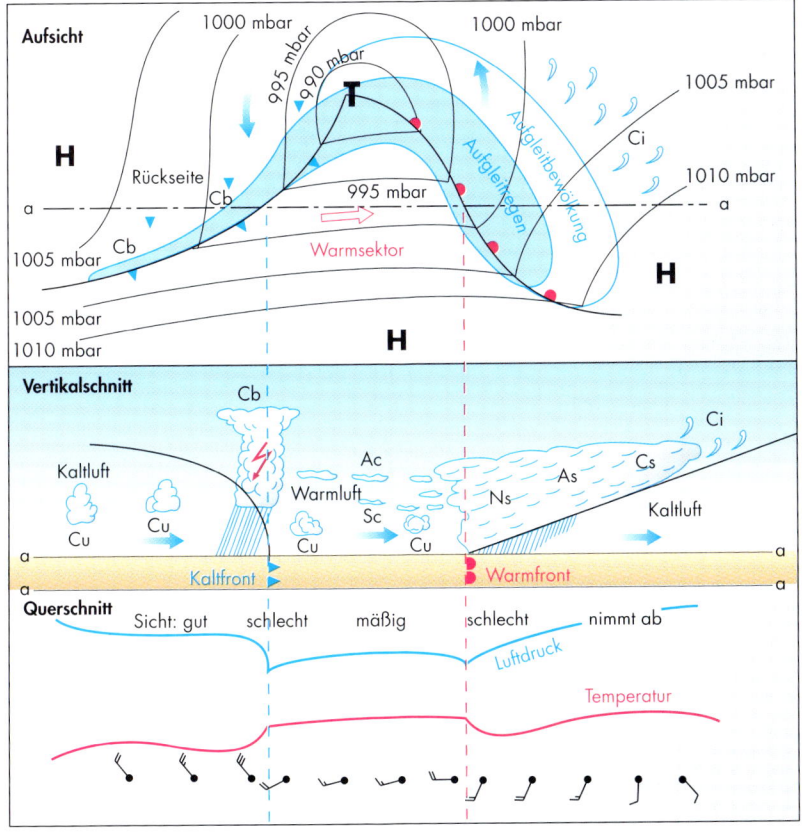

Aufbau einer Zyklone

(oben: Aufsicht; Mitte: Vertikalschnitt längs der Linie a; unten: Verlauf von meteorologischen Größen längs der Linie a)

Cumuli oder Stratocumuli, aus denen sich sogar Sprühregen lösen kann (Niesel). Die Entwicklung von thermisch aktiven Cumuli ist sehr verhalten; man spricht von »Wolkenleichen«.

In diesem Teil der Zyklone rechnen Sie lieber nicht mit ergiebigen Thermikflügen. Die Ausdehnung des Warmsektors am Boden hängt im wesentlichen vom Lebenslauf der Zyklone ab. Die anschließende Kaltfront bewegt ihre Massen mit ca. 60 km/h übers Land, der Abstand der Frontlinien wird also immer enger.

Kaltfront

Ganz anders als die Warmfront ist der Einbruch der Kaltfront zu beobachten. Die Kaltluft drängt in den Warmsektor als eine leicht zurückgelehnte Wand ein. Der Wandfuß

Wetterkunde

läuft voraus unter die warme Luft und labilisiert sie. Unmittelbar in Frontnähe entstehen hochreichende Quellwolken mit Gewittern und Schauern. Der Wind wandert von Südwest auf Nordwest und frischt böig auf. Durch die Massenkraft der kalten Luft steigt der Luftdruck an, und die Temperaturen gehen schlagartig zurück: Ein Temperatursturz ist die Folge (siehe Grafik auf S. 78).
Die Kaltfront ist ca. 200 km breit und zieht in zwei bis drei Stunden über den Beobachter hinweg.
Fliegen an einer Gewitterfront ist nur etwas für Lebensmüde!

Rückseite

Nach dem Durchzug einer Kaltfront spricht man von »Rückseitenwetter«. Charakteristisch ist die Auflockerung und die Bildung eindeutiger Quellwolken (Cumuli). Mitunter bleibt labile Kaltluft zurück, die durch ihre kräftigen Luftbewegungen Turbulenzen erzeugt. Die Temperaturen verändern sich zunächst gering, und der Luftdruck steigt schwach. Ist der Boden endgültig abgetrocknet, entstehen ideale Bedingungen für einen Temperaturvorsprung bodennaher Luft. Der zweite Tag nach einer Kaltfront bringt in der Regel den besten Thermiktag.

Okklusion

Die vorangegangenen Beschreibungen beachteten die Wolkenentwicklung hin zum Tiefdruckkern nicht. Beide Frontlinien vereinigen sich im Zentrum. Sie nähern sich im Verlauf der Zyklone immer mehr. Schließlich schließen sich die Frontlinien nahezu auf der ganzen Länge. Es entsteht ein Gebräu sich mischender und ausgleichender Luftmassen, die Okklusion, und damit das Ende der Dynamik der Frontlinien. Die Massen erreichen unterschiedliche Breiten. Nur eines haben sie gemeinsam: Sie verhalten sich stationär und bringen viele feuchte Tage.

Zwischenhoch

Sehr häufig wird dieser Begriff mißverstanden und mit dem Warmsektor einer Zyklone gleichgesetzt. Das ist falsch. Ein Zwischenhoch ist eine Zone mit hohem Luftdruck (bis ca. 1020 hPa), der aber geringer ist als in einem Hochdruckkern (ca. 1030 hPa). Das Luftdruckgebilde liegt zwischen zwei Tiefdruckkernen und bringt nur kurzfristige Besserung. Der Zwischenhocheinfluß macht sich, im Gegensatz zum Warmsektor, meist durch gute thermische Bedingungen bemerkbar. Allerdings kündigen Cirren die nächste Warmfront an. Meist zieht ein Zwischenhoch hinter der ersten Zyklone aus dem Südwesten heran.

Fliegen in feuchter Luft

Die Idealzyklone

9

10

11

12

Erscheinungsformen der Wolken:

1 Wolken am Kondensationsniveau
2 Schönwetter mit Cumulus
3 Inversionslage im Winter
4 Cirrostratus
5 Cirrocumulus
6 Altocumulus
7 Stratocumulus
8 Stratus
9 Cumulus
10 Nimbostratus
11 Cirrus
12 Thermikwolken
13 Cumulus congestus
14 Altostratus
15 Cumulonimbus
16 Kaltfront

13

14

15

16

Wetterkunde

Wolkenklassifikation

Den Schlüssel für ein sicheres Wetterwissen finden Gleitschirmpiloten in den Steckbriefen einzelner Wolken.
Am Berg sind kleine Wolkenatlanten nützlich; sie gehören genauso zum Flugtraining wie die Landeübungen.

Basishöhen und Bestandteile:

Tiefe Wolken
- Basis unter 2000 m
- meist aus Wassertröpfchen bestehend

Mittelhohe Wolken
- Basis zwischen 2000 und 7000 m
- aus Wassertröpfchen und Eiskristallen bestehend

Hohe Wolken
- Basis über 7000 m
- Eiskristalle (feine Nadel und Plättchen)

Wolkenform

- Cumulus- oder Haufenwolken grenzen sich durch ihre »Blumenkohl«-Form ab. In ihnen finden starke Vertikalbewegungen der Luft statt.
- Stratus- oder Schichtwolken sind wie eine homogene Fläche zu sehen. Sie weisen geringe Vertikalbewegungen der Luft auf.
- Cirren oder Federwolken sind faserige Eiswolken. Sie können schwache und starke Vertikalbewegungen der Luft aufweisen.

Wolkengattungen

Alle diese Klassifikationen führen zu zehn Wolkentypen, die sich als Wolkengattung zusammenfassen lassen:
1. Cumulus (Cu), Stratus (St), Stratocumulus (Sc)
2. Altostratus (As), Altocumulus (Ac)
3. Cirrus (Ci), Cirrocumulus (Cu), Cirrostratus (Cs)
4. Cumulonimbus (Cb), Nimbostratus (Ns)

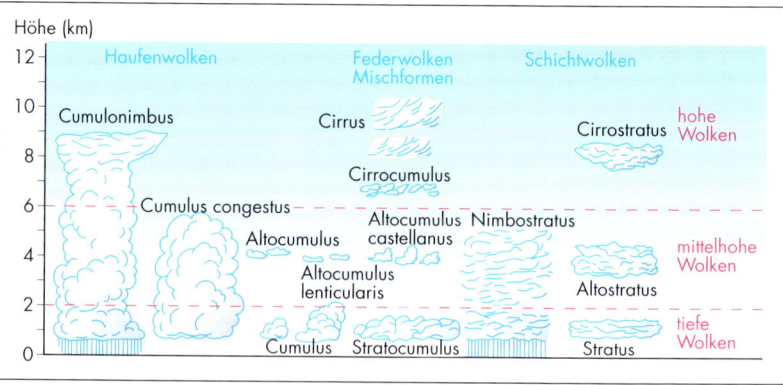

Wolkengattungen und ihre Höhenlagen

Wolkenklassifikation

Spezialformen:
- Cumulus congestus: ein übergroßer Cumulus mit respekteinflößenden Vertikalbewegungen. Die horizontale Ausdehnung ist ähnlich einer Cumulonimbus (Cb).
- Altocumulus castellanus und Altocumulus floccus zeigen Labilisierung an, die anschließend zu Überentwicklung führt.
- Altocumulus lenticularis: die linsenförmige, glattgeschliffene Wolke, die durch die Wellenströmung des Föhns entsteht. In den Alpen häufiger bei Süd- als bei Nordföhn.

Lokale Windsysteme

Es macht keinen Sinn, sich mit der Aufzählung der verschiedenen Namen einzelner bekannter Windsysteme zu beschäftigen. Diese Namen finden sich leichter in einem Reiseführer. Wichtiger ist die Systematik ihrer Entstehung.

Hangaufwind

Ein Berghang erwärmt sich mit der Sonnenenergie. Die aufliegende Luftmasse verändert sich thermisch, sie wird somit leichter als die Masse im Tal. Die Luft beginnt sich abzuheben und strömt den Berg (anabatisch) hinauf bis zu einer Abrißkante. Dort löst sie sich ab, um als Thermik in den Himmel zu steigen. Abrißkanten können störende Geländestrukturen oder andere Einflüsse sein:

Hangaufwinde und Talwind

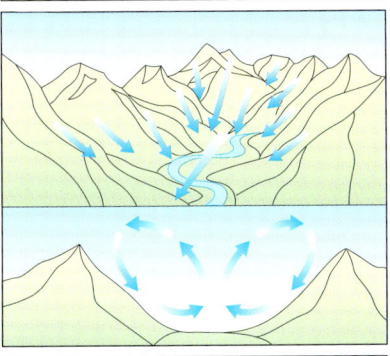

Hangabwinde und Bergwind

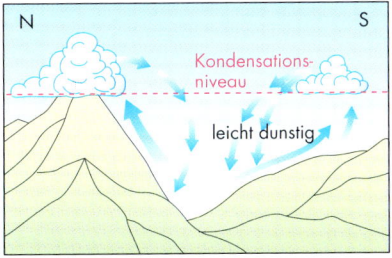

Hangaufwind und Cumulus-Wolken

- Bewegung (Baumreihen, Straßenverkehr)
- starke Temperaturunterschiede (Schneegrenze, Straßen, Wasserläufe)
- Schall
- Wirbelzöpfe eines Fluggerätes
- Bergkanten und -gipfel

Wetterkunde

Die Entwicklung des Hangaufwindes ist im einzelnen von der Tageszeit und dem Winkelstand der Sonneneinstrahlung abhängig. Gerät der beschienene Hang in den Schatten, verändert sich die Strömungsrichtung. Hangnah entwickelt sich ein Abwindkanal (katabatisch).

An Frühjahrstagen, wenn die Berggipfel noch schneebedeckt sind, kann es für Gleitschirmflieger zu einem Verwirrspiel des Hangwinds kommen. An schneebedeckten Startplätzen fließt die Luft den Berg hinab, obwohl die Thermikbedingungen ideal sind – Rückenwind! An solchen Tagen ist die Talluft deutlich wärmer, und der Hang bleibt kühler. Im Austausch fließt die Luft ins Tal hinab.

Allgemein definiert man: Bergwind ist am Hang der Luftstrom ins Tal hinunter, Talwind ist am Hang der Luftstrom den Berg hinauf.

Das Talwindsystem

Als Talwindsystem wird die Ausgleichsströmung bezeichnet, die an einem thermischen Tag in den Tälern vorherrscht. Der erzwungene Ausgleich hat seine Ursache in der Thermik am sonnenbeschienenen Berghang. Die Luft zieht in die Höhen ab, und bodennah fließt neue Luft aus dem Flachland in die Täler.

Nutzbar werden diese Strömungen nur für einen tieffliegenden Gleitschirmpiloten. Er sucht sich sogenannte Prallhänge, an denen die Luftströmung »ansteht«. Nutzbare Hänge erkennt man, indem man sich das Bergtal wie ein Flußbett vorstellt und die Luft ähnlich dem Wasser strömen läßt. Sogar gefährliche Turbulenzen an Hindernissen kann man daraus ableiten. Entscheidend für die reale Gefahreneinschätzung ist nur die tatsächliche Strömungsgeschwindigkeit der Luft.

Talecken, Winkel und eingelagerte Hügel sind deutliche Hindernisse. Ein sicherer Pilot bedenkt den Einfluß der Störungen in einer Strömung.

Turbulenzen

Jedes Hindernis stört die Strömungen der Luft. Je kantiger und je größer es ist, um so mehr verwirbelt sich die Luft dahinter.

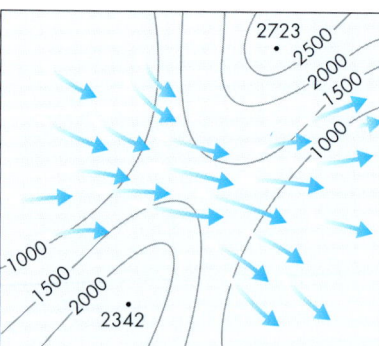

Düseneffekte im Gebirge: oben an einem Bergkamm, unten an einem Paß

Lokale Windsysteme

Auch hier ist die Vorstellung fließenden Wassers hilfreich: Legt man Steine in ein Bachbett, beeinflussen die Hindernisse die Strömung. An den Seiten und auf der Rückseite der Steine entstehen Wirbel. Vor allem im Lee (auf der Rückseite) eines Hindernisses nimmt die Strömungsgeschwindigkeit zu.

Luvseitig (auf der dem Wind zugewandten Seite) entsteht vor einem größeren Hindernis (Hügel, Berg, Baumreihen) ein dynamischer Aufwind, der zum Fliegen vorteilhaft genutzt werden kann. Das Fliegen im dynamischen Aufwindband ist das Soaring.

Leeseitig (auf der dem Wind abgewandten Seite) entstehen starke Turbulenzen und Abwinde. Turbulenzen können die Strömungsgeschwindigkeit des Abwindes verstärken. Piloten, die unbeabsichtigt in eine Leeströmung geraten, flüchten seitlich zum Hindernis auf die Luvseite. Nicht selten ist eine Notlandung notwendig. Unfallgefahr!

Rotor

Eine walzenförmige Turbulenz auf der Leeseite eines Hindernisses heißt »Rotor«. Dieser Gefahr kann aus dem Weg gegangen werden, indem sie durch den Aufstieg zum Berggipfel erkannt wird.
Ist die tatsächliche Windrichtung am Gipfel für den Startplatz Rückenwind, dann bläst der Wind durch die rollende Rotorwalze am tieferliegenden Startplatz dem Piloten ins Gesicht. Startet ein Gleitschirm in den Gegen-

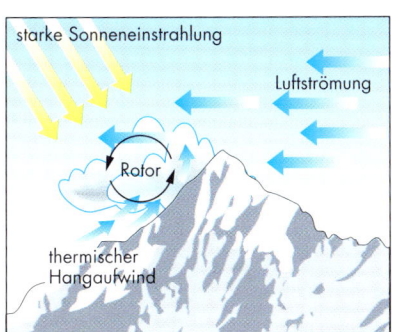

Die Entstehung von Sogwolken

wind eines Rotors, so wird er nach kurzem Flug hart auf den Boden gedrückt.

Reibung

Die Windgeschwindigkeit nimmt am Boden unter dem Einfluß der Reibung ab. Als Faustregel gilt, daß 500 m über Grund die doppelte Windgeschwindigkeit herrscht.
Wird die Strömung dagegen durch eine Talenge gezwängt, erhöht sich dort die Windgeschwindigkeit. Mit solch einem »Düseneffekt« muß ein landender Pilot rechnen: In einem engen Tal nimmt die Windgeschwindigkeit gegenüber der Höhe zu, und der Gleitschirm fliegt langsamer gegen den Wind. Zusätzlich verstärken sich die Bodenturbulenzen.
Auch über Bergkuppen und an Kanten wird die Strömungsgeschwindigkeit schneller. Unachtsame Piloten werden mit dem zu langsamen Fluggerät in das Lee abgetrieben.
Erfahrene Piloten rechnen mit Turbulenzen und hohen Windgeschwindigkeiten:

Wetterkunde

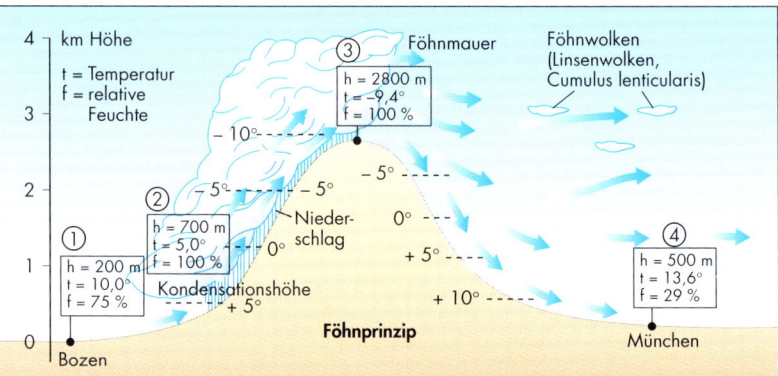

Wolken- und Wettererscheinungen bei einer Südföhn-/Südstaulage (die Zahlen 1–4 geben die meteorologischen Werte der die Alpen von Süd nach Nord überquerenden Luft an)

- im Lee hinter einem Hindernis
- an unregelmäßigen Geländeformen
- in Grenzbereichen zwischen strömenden Luftmassen
- am Rande der Thermik

Föhn

Die Föhnlage verbannt die langsam fliegenden Gleitschirme vom Fliegerhimmel und bringt Gefahren mit sich. Voraussetzungen für eine Föhnlage:

- Eine relativ starke Luftströmung trifft senkrecht auf ein Hindernis (Bergketten wie in den Alpen oder verschiedenen Gebirgen der Welt).
- Am Hindernis (Luvseite) staut sich die Strömung.
- Das Hindernis ist so breit, daß die Luft es nicht umfließt.

Unter dem Druck der nachfolgenden Luftmassen übersteigt die Luft das Hindernis. Dabei verändert sich die strömende Luftmasse am Hindernis adiabatisch. Starke Nimbostratus-Bewölkung entsteht, die sich am Hindernis ausregnet. Nahe der höchsten Stelle des Hindernisses ist die Luftmasse fast ohne Feuchtigkeit. Dazu kommt, daß die Strömungsgeschwindigkeit wie an einer Bergkuppe zunimmt.

Die Strömung stürzt hinter dem Hindernis zu Tal und verändert ein zweites Mal ihren Zustand. Sie ist jetzt rein trockenadiabatisch. Deutlich wird das durch den Anstieg der Temperatur. Im direkten Vergleich ist sie höher als die Temperatur der feuchten Luvseite (zu diesem Energiegewinn siehe Tabelle auf S. 73).

Südföhn

Die Alpen sind für den Strömungsausgleich der Hoch- und Tiefdruckgebiete ein außerordentliches Hindernis. Die großräumigen Luftbewegungen ändern an diesem Hindernis ihren Zustand.

Föhn

In den meisten Fällen liegt ein Hochdruckgebiet in Südosteuropa und das kommunizierende Tief über Westeuropa. Die Zentren liegen meist bei den Britischen Inseln, im Golf von Biskaya oder in Portugal (Tief) bzw. Richtung Schwarzes Meer (Hoch). Bei dieser »klassischen« Druckverteilung kann sich der Föhn wochenlang halten. Die typischen Zeiten für eine solche Konstellation sind das Frühjahr und der Herbst.

Neben den typischen Druckverteilungen lassen sich an der Leeseite des Geschehens noch besondere Wolkentypen und Strömungsentwicklungen zuordnen. Unmittelbar hinter dem Hindernis entstehen stationäre Turbulenzen (Rotoren) und ein starker Fallwind. Die Rotoren sind in ihrer Ausdehnung so aktiv, daß sie in der Höhe kleine Wolken bilden können. Durch den Gebirgskamm wird die Strömung zum Schwingen gebracht; es entstehen »Föhnwellen«. Eingeschlossen unter dem Zenit eines solchen Wellenbergs entstehen die Linsenwolken oder »Föhnfische« (Altocumuli lenticularis). Sie sind stationäre Wolken, die sich durch die Zustandsänderungen der Wellenströmung bilden.

Voraussetzungen für diese Wellenbildung:
1. Die Windrichtung darf sich in der Höhe nicht ändern.
2. Die Windgeschwindigkeit muß am Alpenkamm mindestens etwa 50–60 km/h betragen.

Föhn

Wetterkunde

3. Die Windgeschwindigkeit muß mit der Höhe zunehmen.
4. Die Luft sollte hinter dem Hindernis steil stürzen können.

Stehen weitere parallele Bergketten hinter dem Hindernis, so prallt die stürzende Luft wie auf einer Schanze ab und schießt wieder in die Höhe. Dies kann die Wellenbewegung wie ein Resonanzkörper verstärken.

Gefahren für Gleitschirmpiloten bei Föhn:
- Im Föhn sind extrem hohe Windgeschwindigkeiten möglich (Wetterstation Patscherkofel: 200 km/h und mehr).
- Der örtliche und zeitliche Föhndurchbruch auf die tieferen Luftschichten ist variabel. Es ist möglich, daß die schnelle Strömung schlagartig bis zum Boden durchbricht und einen Föhnsturm durch die Täler treibt.
- Es entstehen extreme Vertikalbewegungen an den Wellenhängen.
- Extreme Turbulenzen (Rotoren) treten auf.
- Fehleinschätzung der tatsächlichen Föhnlage ist möglich (Staubewölkung bzw. »Staumauer« am Alpenhauptkamm; trockene Luft auf der Leeseite; oft schwierig zu erkennende Linsenwolken, die bei sehr trockener Luftströmung fehlen).

Allgemein gilt, daß man Beurteilungsfehler bei der Wetterbeobachtung nicht vermeiden kann. Doch sollten Sie sich dem Gefahrenpotential bei Unsicherheit durch Verzicht auf einen Start entziehen. Ein guter Wetterbericht ist für die Fliegerei nur eine Anzahlung auf einen schönen Flugtag.

Föhnmauer

Luftrecht

Der Luftraum über Deutschland ist einer der frequentiertesten Lufträume der Welt. Zusätzlich zu den häufigen Flugbewegungen der Linien- und Militärflugzeuge kommen die Flüge der »allgemeinen Luftfahrt«: Motor- und Segelflug, Fallschirmspringer, Ballonfahrten, Gleitschirm- und Drachenflieger, Modellflug.
Konzipiert ist das Luftrecht zum Schutz der Bevölkerung und für die Luftfahrt selbst. Gefahrloses Fliegen ist heutzutage nur möglich, wenn Regeln den Verkehr ordnen.

Was ist ein Gleitschirm?

Das Luftrecht beschreibt den Gleitschirm als »Gleitsegel« und nennt den Piloten Luftsportgeräteführer. In der Schweiz wird nicht zwischen einem Hängegleiter und einem Gleitschirm unterschieden; in Österreich heißt es »Paraglider«. Fliegende Luftsportgeräte werden der allgemeinen Luftfahrt zugeordnet. Dadurch regelt das Bundesministerium für Verkehr die Belange im Gleitschirmsport. Als Beauftragter des Ministeriums ist der Deutsche Hängegleiterverband (DHV) eingesetzt worden. Die Aufgaben wurden in den Jahren 1992 bis 1995 gesetzlich untermauert.
Die Aufgaben des DHV:
- Festlegung der Ausbildungsrichtlinien für Piloten
- Regelung der Ausbildung der Fluglehrer
- Prüfung zukünftiger Piloten
- Regelung der Richtlinien für Fluggelände
- Bearbeitung von Betriebsstörungen und Unfällen
- Richtlinien und Sicherheitstests für den Fluggerätebau
- Musterzulassungen für Fluggeräte

Neben diesen wesentlichen Funktionen des DHV nützen die Piloten noch weitere Behörden und Dienste, die für den Flugbetrieb notwendig sind:
- Deutscher Wetterdienst (DWD)
- Flugsicherung, Fluginformationen (FIS)
- Luftfahrtbundesamt (LBA), zuständig für Unfalluntersuchungen

Der Flugschüler

Voraussetzungen

- Das Mindestalter beträgt 18 Jahre, mit dem schriftlichen Einverständnis der Erziehungsberechtigten 16 Jahre.
- Der Bewerber muß »flugtauglich« sein.

Im Gegensatz zum Segelflug ist kein fliegerärztliches Attest als Nachweis für die Tauglichkeit notwendig.

Tauglichkeit

Ein Anwärter soll gesund und fit sein. Eine ausreichende Fitneß wird mit

Luftrecht

Ausbildung

einem zehnminütigen Dauerlauf gemessen, der keine extreme Atemnot verursachen darf.
Der Gleitschirmflieger braucht allerdings keinen durchtrainierten Athletenkörper. Das Paragliding-Geheimnis liegt in der richtigen Technik, und die kann jedermann erlernen. Nur mit der puren Kraft geht am Gleitschirm mit Sicherheit gar nichts.

Behinderungen

Nicht ganz fair geht das Luftgesetz mit Behinderten um. Ein Bewerber darf weder taub noch blind sein oder eine sonstige Körperbehinderung aufweisen.
Nach Krankheiten wird die körperliche Tauglichkeit je nach dem aktuellen Gesundheitszustand entschieden. Schwerere Krankheiten wie z. B. Asthma, Epilepsie oder Herzschwäche sind ebenfalls in das Flugverbot eingeschlossen.
Wer sich über seine Tauglichkeit im unklaren ist, kann sich einer fliegerärztlichen Untersuchung unterziehen. Angelehnt an die Belastungen im Segelflug genügt der Tauglichkeitsgrad 3 für den Gleitschirmpiloten. Läßt sich ein Unfall auf die Flugunlauglichkeit zurückführen, verweigert die Haftpflichtversicherung den Schadensausgleich.

Flugschulen

Die Ausbildungsrichtlinien verlangen eine vom DHV anerkannte Ausbildungsstätte. Die Fluglehrer müssen eine entsprechende Berechtigung erworben haben.
Eine Liste der anerkannten Flugschulen können Sie über den Deutschen Hängegleiterverband (DHV) beziehen. Achten Sie darauf, daß die Flugschule nicht nur einen einzigen zugelassenen Flugberg befliegt, denn erst das Kennenlernen von verschiedenen Start- und Landeplätzen führt zur Selbständigkeit des Piloten.

Ausbildungsweg

Beschränkter Luftfahrerschein

Das erste Ziel eines Gleitschirmfliegers ist die Prüfung zum »beschränkten Luftfahrerschein«.

Grundkurs:
- mindestens 20 vollständige Vorbereitungsübungen
- genauso viele Start-, Steuer-, Landeübungen
- 20 Flüge, Höhenunterschied 40–100 m

Höhenausbildung:
- 40 Alleinflüge unter Anleitung von Fluglehrern
- 10–15 Flüge, Höhenunterschied 100–300 m
- 25–30 Flüge, Höhenunterschied mehr als 400 m

Fluglehrer und Schüler im Tandem

Luftrecht

Theorie:
- 20 Theoriestunden innerhalb von 12 Monaten etc. (Luftrecht, Luftverkehrs- und Flugsicherungsvorschriften; Technik; Meteorologie; Verhalten in besonderen Fällen)

Unbeschränkter Luftfahrerschein

Praxis:
- mindestens 10 Alleinflüge über 30 Minuten ohne Aufsicht

Theorie:
- 25 ergänzende Theoriestunden (zusätzliche Fächer: Navigation; wahlweise 5 Stunden Flugfunk)

Für beide Qualifikationen sind eine theoretische und eine praktische Prüfung abzulegen. Mit bestandener Prüfung wird die Erlaubnis zum Führen eines Gleitschirms bzw. Gleitsegels unbefristet erteilt.

Der Luftsportgeräteführer

Dritthaftpflichtversicherung

Ganz ähnlich wie im Straßenverkehr gibt das Luftgesetz eine Versicherungspflicht vor, die alle Unbeteiligten (Dritte) finanziell schützt. Ein Gleitschirmpilot kann ungewollt einen anderen Menschen verletzen, und für

Flugschüler machen Fehler: Hier sind die Beine nicht laufbereit

Fluggelände

diese Schäden kommt die Dritthaftpflicht auf. Die Haftungssumme liegt bei 2,5 Millionen DM, jedoch höchstens 500 000 DM pro geschädigte Person.
In der Regelung der Haftung geht der Gesetzgeber von der »Gefährdungshaftung« aus. Der Schaden muß ohne das Verschulden des Piloten entstanden sein, z. B. durch Notlandung oder Außenlandung bei einem Überlandflug.
Im Gegensatz dazu steht die Verschuldenshaftung: Sie wird angewendet, wenn der Pilot den Unfall bewußt herbeigeführt hat. Als Ursache würde z. B. Fliegen unter Alkoholeinfluß ins Gewicht fallen.
Wie im Straßenverkehr haftet der Fluggerätehalter (Besitzer) für Schäden, die mit dem bzw. durch das Fluggerät entstanden sind. In der Regel ist der Halter zugleich der Pilot. Bei Diebstahl zum Beispiel jedoch nicht; auch in diesem Falle haftet der Halter mit. Deshalb nennen die Versicherer die Pflichtversicherung für Gleitschirmpiloten und Fluggerät die Halterhaftpflicht.
Der DHV bietet die Halterhaftpflichtversicherung im Rahmen des Mitgliederservices sehr günstig an. Mitglieder erwerben sie mit dem jährlichen Mitgliedsbeitrag, der je nach Ausmaß der Selbstbeteiligung bei 40 oder 50 DM liegt.

Eigengefährdung

Sachbeschädigungen am eigenen Fluggerät, die der Pilot selbst verursacht hat, gehen zu Lasten des eigenen Kontos. Sollte der Pilot sich verletzen oder gar einen Krankenhausaufenthalt benötigen, so kommt die gesetzliche Krankenkasse dafür auf, die auch dann ihre Leistungen erbringt, wenn der Pilot den Unfall mutwillig herbeigeführt hat. Wie eine private Krankenversicherung reagiert, sollten Sie für Ihren persönlichen Fall erfragen. Oft werden hierfür höhere Prämien verlangt.

Fluggelände

Ohne Probleme könnte ein geübter Pilot an unzähligen Bergen starten und landen. Doch leider läßt das der stark genutzte Luftraum nicht zu.

Sicherheit beginnt mit den Startvorbereitungen

Luftrecht

Alle Flugbewegungen müssen für die Piloten einschätzbar sein. Es ist notwendig, vor allem die Lande- und Startphasen vor anderen Verkehrsteilnehmern zu schützen.
Als Beauftragter des Verkehrsministeriums ist der DHV speziell für die Zulassung und die Prüfung der geeigneten Fluggelände verantwortlich.
Die Verwaltung erfolgt durch namentlich benannte Flugplatzhalter. Keine Sorge: Es gibt genügend zugelassene Gebiete. Ein Fluggelände besteht aus einem ausgewiesenen Startplatz und einem oder mehreren Landeplätzen. In der Regel finden sich über die allgemeinen Betriebsregeln hinaus noch Sondervereinbarungen mit Besitzern, Bauern, Jägern und Umweltschützern an einer Hinweistafel im Gelände (siehe Kapitel »Umwelt«). Es ist auf alle Fälle notwendig, sich mit dem entsprechenden Fingerspitzengefühl zu verhalten. Die Lobby der Gleitschirm- und Drachenflieger ist klein.

Gesetzlicher Flug

Die Sorgfaltspflicht verlangt von einem Piloten, daß er während des gesamten Fluges den vorgesehenen Landeplatz im Gleitflug erreichen kann. Ein Sonderfall ist die Außenlandung bei einem Überlandflug: Sie ist generell erlaubt. Das gleiche gilt für eine Notlandung. Der Pilot ist im Schadensfall lediglich dazu verpflich-

Das Miteinander im Luftraum erfordert Regelungen

Gesetzlicher Flug

tet, dem Eigentümer die Personalien zu hinterlassen. Die Haftpflicht übernimmt die entstandenen Schäden. Im bildhaften Sinn kennt die Luft keine Balken. Durch die Grenzen der geordneten Lufträume entstehen jedoch theoretische Balken nach den Gliederungen aus dem Luftgesetz. Generell darf der Gleitschirmpilot nicht höher als 10 000 ft (Fuß, ca. 3000 m) über dem Meeresspiegel steigen. Dort beginnt der kontrollierte Luftraum (C) nach Instrumentenflugregeln (IFR). Nach dem alten Gesetz gab es für den Einflug in den darunterliegenden Luftraum (E) Beschränkungen, die mit dem neuen Gesetz gänzlich außer Kraft gesetzt wurden. Im speziellen gibt es für den alten Luftraum ED-R9 über den Alpen eine Neuregelung. Die vielen Einschnitte und Täler der Alpen erhielten eine Pauschallösung ohne Ausnahmen. Der fliegbare Bereich für Gleitschirm- und Drachenflieger wurde bis FL 130 (Flugfläche) erweitert, das sind 13 000 ft = 3900 m. Und höher geht es einfach nicht in den deutschen Alpen, selbst die besten Thermiktage bringen die Paraglider nicht höher hinaus.

Die rechtlichen Bestimmungen für den Überlandflug werden nicht weiter ausgeführt. Sie sind in den Manuskripten für den unbeschränkten Luftfahrerschein enthalten.

Gleichstellung im Luftraum

Gleitschirm- und Drachenflieger sind im Regelwerk den Segelflugzeugen gleichgestellt. Diese Tatsache betrifft auch die Ausweichregeln, sprich die Verkehrsregeln in der Luft, die einen wesentlichen Bestandteil von Ordnung und Sicherheit des Luftverkehrs darstellen.

Allgemein gilt: Der langsamere Verkehrsteilnehmer hat Vorrang vor dem schnelleren. Diese Regel wird im Luftgesetz durch eine Staffelung der Verkehrsteilnehmer erst sinnvoll. So hat etwa ein Segelflugzeug Vorrang vor einem Motorflugzeug.

Verkehrsregeln

- Fliegen zwei Gleitschirmpiloten direkt aufeinander zu (Cross), so weichen beide grundsätzlich nach rechts aus.
- Überholt wird ebenfalls rechts. Von einem Überholvorgang spricht man, wenn der Verfolger aus einem Winkel von 70° an den Piloten heranfliegt.
- Kreuzt sich der geplante Flugweg, dann gilt wie im Straßenverkehr rechts vor links. Der Ausweichende fliegt nach links und kreuzt die Fluglinie des anderen erst hinter dessen Fluggerät.
- Begegnen sich zwei Piloten Cross am Berghang, so fliegt der Pilot, der die rechte Schulter am Berghang hat, einfach geradeaus. Der Entgegenkommende hat die Pflicht, sich nach rechts zu wenden; so fliegt er ausreichend weit weg vom Berg oder Hindernis. Er macht also den Weg für den anderen frei.

Luftrecht

Treffen sich Piloten in einem thermischen Aufwind (Bart oder Schlauch), so diktiert der höher fliegende Pilot die Drehrichtung bzw. die Ordnung. Alle einfliegenden Piloten richten ihre Drehungen nach ihm aus, sie »fliegen im Pulk«. Sehr häufig gibt es auch interne Absprachen über eine generelle Drehrichtung für Piloten am bzw. über dem Berg. Zur Sicherheit fragen Sie die Kollegen im Fluggebiet.

Verkehrsregeln:
(von oben nach unten)
Überholen
Rechts vor links
Ausweichen am Berghang

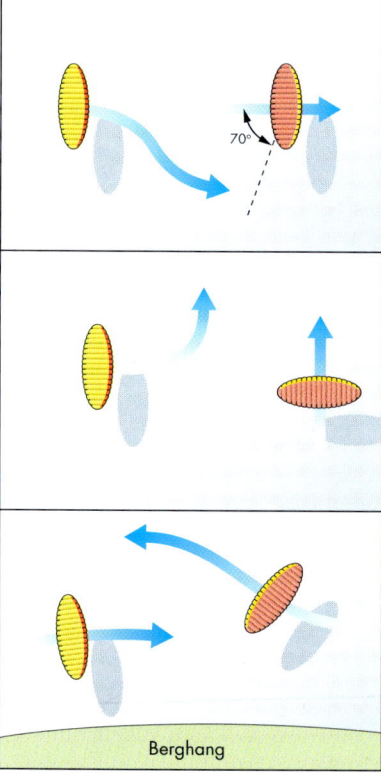

Berghang

Mindestabstand

Im Gesetzbuch steht »ausreichender Abstand«. Um Kollisionen in der Luft zu vermeiden, sind erhöhte Aufmerksamkeit und Vorsicht erforderlich – besonders bei Turbulenzen, plötzlichen Hindernissen oder schlechter Kursplanung. Sollten sich die Gleitschirme verhängen, kann es lebensgefährlich werden; auch die Wucht des Zusammenpralls ist nicht zu unterschätzen (40–80 km/h!).

Hindernisse

Seilbahn- oder Lifttrassen dürfen mit einem Mindestabstand von 50 m Höhe überflogen werden. Die Entfernung zum Berghang und zur Anlage sollte jedenfalls ausreichend sein. Verboten ist es, Lifte zu unterfliegen (Gefährdung der Menschen in der Bahn).
Menschenansammlungen und Straßen sind ebenfalls als Hindernis im Sinne des Luftrechts zu sehen. Somit ist die Sicherheitshöhe von 50 m verbindlich.

Sichtflugregeln

Mit dem Gleitschirm wird nur unter Sichtflugbedingungen geflogen. Trotz umfangreicher Navigationshilfen während eines Streckenflugs ist der Instrumentenflug (Blindflug) verboten. Der Gesetzgeber erfaßt die Sichtflugregeln (VFR = Visual Flight Rules) anhand von Sichtminima in den einzelnen Lufträumen.

Gesetzlicher Flug

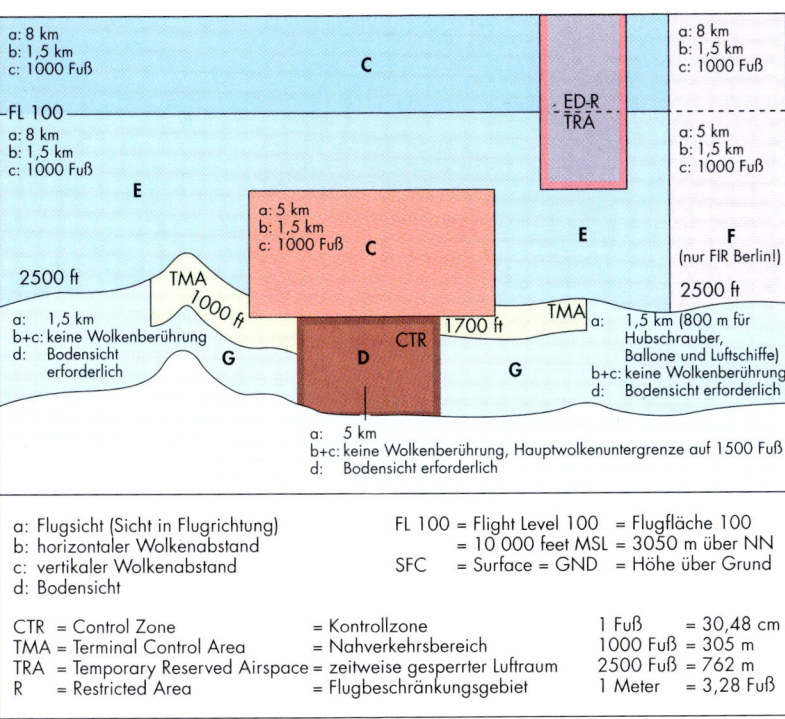

Luftraumordnung über Deutschland

Luftraum G:
- frei von Wolken bis 300 m Höhe über Grund
- Wolkenabstand horizontal = 1,5 km, vertikal = keine Berührung
- Flugsicht 5 km
- Erdsicht

Luftraum E:
- ab 300 m Höhe über Grund oder 900 m über Meereshöhe
- 1,5 km horizontaler Abstand von Wolken
- 300 m vertikaler Abstand von Wolken
- Flugsicht 5 km

Luftraum C:
- ab 3000 m über Meereshöhe
- 1,5 km horizontaler und 300 m vertikaler Abstand von Wolken
- Flugsicht 8 km

Flugsicht ist die Sicht in Flugrichtung aus dem Gleitschirmsitz. Besonderheiten für den Überlandflug werden hier nicht berücksichtigt.

Grenzüberflug

Die deutschen Alpen sind sehr grenznah, deshalb eine Bemerkung für den Flug über eine Staatsgrenze hinaus:

Luftrecht

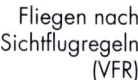

Fliegen nach Sichtflugregeln (VFR)

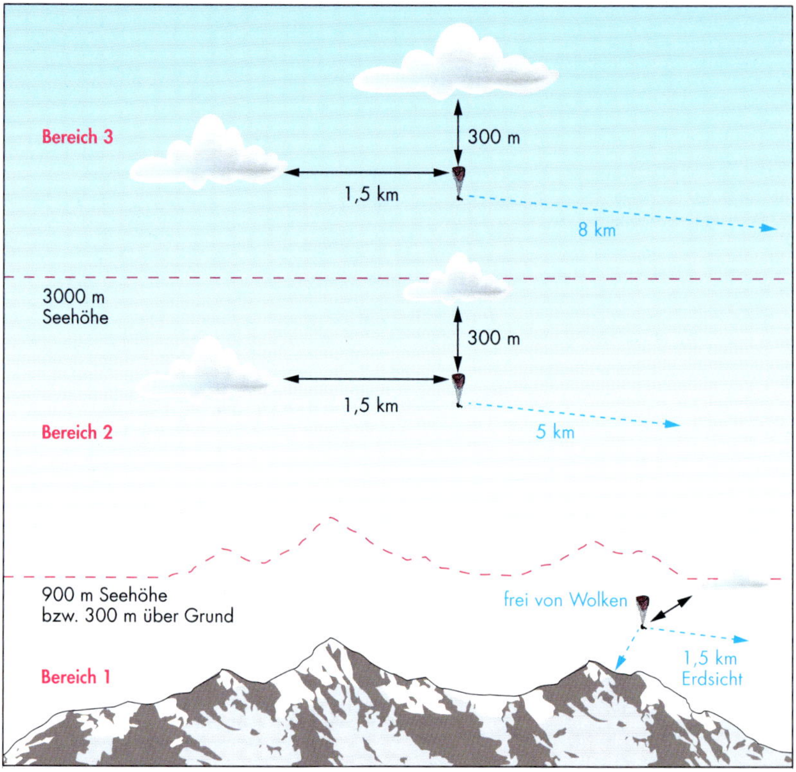

Bereich 3
300 m
1,5 km
8 km

3000 m Seehöhe

300 m
1,5 km

Bereich 2
5 km

900 m Seehöhe bzw. 300 m über Grund

frei von Wolken

Bereich 1
1,5 km Erdsicht

Gleitschirmflüge sind von der luftrechtlichen Erlaubnispflicht für den Aus- und Einflug befreit.

Flugausrüstung

Piloten, die ihren ständigen Wohnsitz in Deutschland haben, dürfen nur Gleitschirme mit einer gesetzlich vorgeschriebenen Musterzulassung fliegen. Musterzulassungen werden vom DHV nach einer bestandenen Stückprüfung erteilt. Der Gleitschirm wird dabei von den Technikern des Verbands durch umfangreiche Tests beurteilt. Es wird die Festigkeit des Segels als Ganzes erfaßt. Anschließende Testflüge in Extremsituationen schließen die Beurteilung ab. Besteht das Fluggerät die Tests, wird es zur Orientierung für die Piloten einer Kategorie von 1 bis 3 zugeordnet: 1 = für Bewerber mit geringer Flugerfahrung, 2 = für Bewerber mit ein- bis zweijähriger Praxis, 3 = für leistungsorientierte Bewerber mit mindestens zweijähriger Flugpraxis.

Flugausrüstung

Ein Fluggerät der Kategorie 1–2 darf beispielsweise in der Anfängerschulung verwendet werden. Die übenden Piloten können von diesen Gleitschirmen erwarten, daß sie z. B. nach einer Einklappung selbsttätig öffnen. Es empfiehlt sich, mit den eigenen Wünschen selbstkritisch umzugehen. Bei den heutigen Leistungen, die die Gleitschirme bieten, ist es nicht notwendig, für einen Streckenflug oder für mehrstündige Flüge ein Segel der Kategorie 3 zu fliegen. Es werden ohne Probleme mit Gleitschirmen der Kategorie 1–2 Streckenflüge von über 70 km bewältigt. Die Sicherheit sollte Vorrang haben.

Prüfverfahren

Ein Gleitschirm muß alle 24 Monate zu einer Stückprüfung beim Hersteller. Damit soll die Flugfähigkeit überprüft werden. Der Gleitschirm wird runderneuert. Geknickte, überdehnte Leinen werden ausgetauscht und Verschleißerscheinungen beurteilt. Die Überprüfung wird wie beim TÜV mit einem Stempel auf dem Tuch bestätigt. Fällt ein Gleitschirm aufgrund seines Zustands durch die Prüfung, dann wird er als untauglich markiert und darf nicht mehr geflogen werden. Anders verhält es sich bei der Prüfung von Gurtzeug und Rettungsgerät. Diese obliegt dem Besitzer. Es empfiehlt sich auf jeden Fall eine regelmäßige Überprüfung, insbesondere vor jedem Flug.

Luftraum frei, Start frei

Luftrecht

Die perfekte Ausrüstung schließt den Helm ein

Der Rettungsschirm wird von Profis im Abstand von 4–6 Monaten getrocknet und neu gepackt. Nach einer Rettungsöffnung gehört die Kappe zur Prüfung auf einen Leuchttisch. Die Hersteller ersetzen schadhaftes Material zu einem Pauschalpreis. Besuchen Sie die jährlichen Selbstpackerlehrgänge des DHV im Winter – es lohnt sich.

Helmpflicht

Für Gleitschirmpiloten besteht Helmpflicht. Die EU-Norm hat für den Gleitschirmsport eine positive Erneuerung mit sich gebracht. Der Markt reagierte mit der Herstellung von neuen, sichereren Helmen. Dazu wurden Forschungsergebnisse aus dem Motorradsport verwertet.
Für die sonstige Fliegerbekleidung gibt es keine gesetzlichen Richtlinien.

Flugfunk

Flugfunk

Vom Gesetzgeber wird kein Flugfunkgerät an Bord eines Gleitschirms verlangt, nicht einmal im unteren kontrollierten Luftraum E. Dennoch gibt es eine anwendbare Durchführungsverordnung im Luftverkehrsgesetz. Die Nutzung des Flugfunks ist geregelt sowie im wesentlichen auch der Betrieb von zugelassenen Funkgeräten in Verbindung mit einer speziellen Flugfunkberechtigung.

Es ist zwar nicht ausdrücklich verboten, ein Flugfunkgerät mit sich zu führen, jedoch dessen Einsatz ohne Qualifikation. Die Sprechfunkverfahren sind nicht ohne Tücken.

Jedem Luftsportgeräteführer steht es frei, eine Berechtigung bei der Post zu erwerben. Außerdem ist es möglich, eine Flugfunkprüfung mit dem Erwerb des unbeschränkten Luftfahrerscheins zu verbinden.

Die gesetzliche Verordnung erlaubt dies. Allerdings benötigt ein Pilot, der seinen Flugfunk auf einem Flugplatz mit Flugverkehrskontrolle betreiben will, ein beschränktes Flugfunkzeugnis der Post (BZF II, deutsche Sprache).

Funkwellen

Die Funksender arbeiten mit elektromagnetischen Wellen, die geradlinig abgestrahlt und von Empfängern aufgenommen werden. Die Sprache wird auf die Wellen aufmoduliert. Modulationen sind Schwankungen, die der Empfänger in Sprache zurückwandeln kann.

Die zulassungspflichtigen Flugfunkgeräte arbeiten im Ultrakurzwellenbereich (UKW), weshalb die abgesandten Wellen nur wenig reflektiert werden. Die Verbindungen ähneln einer Sichtverbindung – jedes Hindernis stört den Kontakt. Für den ursprünglichen Gebrauch in der Fliegerei war das kein Problem, denn die hohe Luftfahrt kennt keine festen Hindernisse. Den Segel- oder Gleitschirmflieger erwarten jedoch Probleme mit der UKW-Technik. Hügelketten, Bäume, Hochspannungsleitungen und sogar Gewitter stören den uneingeschränkten Betrieb.

Deshalb weichen einige Piloten auf Amateurfunkkanäle aus, die im Zwei-Meter-Bereich eine höhere Stabilität im Betrieb zeigen. Die Post verlangt für deren Betrieb ein Amateurfunkzeugnis mit dem Zusatz: »Betrieb einer Luftfunkstelle.« Diesen Eintrag kann ein Funkamateur bei der Post beantragen.

Die Teilprivatisierung der Post hat viele Veränderungen gebracht, doch das Postgesetz hat immer noch Gültigkeit. So ist der Besitz eines nicht postzugelassenen Funkgeräts oder auch der Betrieb eines Amateurfunkgeräts ohne Lizenz strafbar. Bei Mißbrauch werden Funkgeräte eingezogen und Geldstrafen bis zu 5000 DM fällig.

Trotzdem zeigen viele Beispiele in der Schweiz oder auch »heimliches«

Flugfunk

Vor dem Startlauf Flugfunk einschalten

Frequenzen, Funktelefon

Funken in Deutschland, daß der UKW-Amateursprechfunk im Notfall ein effektives Mittel ist, um rasche Hilfe oder Rettung zu gewährleisten. In der Schweiz kennt jeder Pilot oder Bergsteiger die UKW-Funkfrequenz der REGA, der Schweizer Rettungsflugwacht (159,675 MHz, 2 m). Diese wird durch einen »Lockruf« von 2400 Hertz über jede Relaisstation der Schweizer Berge nutzbar. Ab 1997 ist in der Schweiz für die Luftrettung ein eigener Kanal vorgesehen, der E-Kanal (Emergency) auf 161,300 MHz.

Frequenzen für Piloten

Der gesamte Flugfunk arbeitet im UKW-Bereich von 122,000 MHz bis 123,675 MHz. Flugplätze nutzen eigene Kontaktfrequenzen, die nur für den Verkehr in unmittelbarer Umgebung des Platzes verwendet werden. Der Nutzungsbereich ist auf einen Radius von 28 km (15 NM) und einer Höhe von 3000 ft beschränkt. Die Frequenzen finden sich in den Luftfahrtunterlagen und in der ICAO-Luftfahrerkarte.

Sonderfrequenzen

Gleitschirm, Hängegleiter, Gleitflugzeuge, Ultraleicht:
- Ausbildungs- und Übungsbetrieb außerhalb eines Flugplatzes: 123,425 MHz
- Kommunikationsfrequenz: 120,975 MHz

- Internationale Notfallfrequenz: 121,500 MHz (diese Frequenz ist außer im Notfall noch bei Ausfall aller anderen Frequenzen gestattet)

Wetterfunk und Fluginformationen: Die betreffenden Frequenzen sind auf der ICAO-Luftfahrerkarte oder in den Veröffentlichungen der allgemeinen Luftfahrerunterlagen (AIP) zu finden. Eine kleine, gezielte Hilfe gibt der Flieger-Taschenkalender des Deutschen Aero Club e.V. (Frankfurt).

Funktelefon

Eine wenig beachtete Alternative ist ein Mobiltelefon. Beim heutigen Stand und Ausbau des Funknetzes erreicht ein Pilot in einigen Situationen mehr als ein anderer mit Flugfunk.
Natürlich ist ein Funktelefon nur bedingt tauglich für den Bord-zu-Bord-Sprechverkehr. Telefonieren in der Luft ist behindernd, aber es funktioniert bestens. An vielen Bergen der Alpen sind die Relaisstationen optimal installiert, und mit vorher eingespeicherten Nummern läßt sich ein Gespräch führen.
Der Ausbau eines länderübergreifenden Funknetzes wird von der Kommunikationsindustrie stetig vorangetrieben. In wenigen Jahren dürfte ein lückenloser Sprechkontakt in ganz Europa möglich sein.
Ein Nachteil: Funkgeräte und Funktelefone stören die Fluginstrumente.

Flugunfälle

Gleitschirmfliegen ist sicherlich nicht die gefährlichste Sportart, wie es die Sensationspresse einem glauben macht. Es liegt in der Risikostatistik weit hinter dem Reitsport oder dem Wandern in den Alpen. Leichtsinnig ist allerdings der Pilot, der sich, wie viele Bergwanderer, ignorant gegenüber den Rettungsschwierigkeiten in den Alpen verhält.

Zum sicheren Gleitschirmfliegen gehört eine Notfallausrüstung und Wissen um die möglichen Gefahren und Verletzungen.

Selbsthilfe und Erste Hilfe sind Grundwissen. Entsprechende Übungen gehören immer wieder in den Trainingsplan, etwa ein Erste-Hilfe-Kurs oder ein Übungsabend der Bergwacht. Erste-Hilfe-Kurse, die von der Bergwacht angeboten werden, bieten neben dem Sanitätswissen noch die Möglichkeit, sich über Rettungsverfahren zu informieren, was im Notfall durchaus nützlich ist. Außerdem bringt ein kleiner Exkurs in die Bergsteigerwelt neue Erfahrungen mit der Natur.

Maßnahmen am Unfallort

Gehen Sie im Notfall folgendermaßen vor:
1. Selbstsicherung, Sicherung des Verletzten (Knoten)
2. Sofortmaßnahmen zur Lebenserhaltung
3. Beurteilung der Lage: Verletzungen, Geländesituation
4. Unfallmeldung: Funk, Telefon, Rettungssignale
5. Erste-Hilfe-Maßnahmen zur Lebenserhaltung

Sicherung des Verunfallten

Dies ist im exponierten Berggelände nicht immer einfach und mitunter lebensgefährlich für die Beteiligten. Wenden Sie alpine Rettungstechniken an, und sichern Sie sich selbst. Planen Sie den Rettungsweg hin und zurück. Nicht selten erweist sich ein schlecht geplanter Rückzug als Falle. Beachten Sie auch die objektiven Gefahren wie Stein- und Eisschlag oder gar Lawinen.

Zuletzt sollten Sie über den ganzen Zeitraum hinweg die Wetterentwicklung beobachten und eventuell für Schutz sorgen.

Leitungen

Unfälle mit Seilbahn- oder Stromleitungen sind gefährlich, insbesondere, wenn sich der Gleitschirm verhängt. Erfahrene Paraglider benützen den Flugweg über den Mast einer Leitung. Im Gegensatz zu frei hängenden Leitungen können Sie mit Hilfe des Mastes den Abstand immer sicher einschätzen.

Häufig sind Berührungen harmlos. Das Fluggerät touchiert die Leitung, und nach einem kurzen Schreck ist

Inhalt	Verwendung
5–10 sterile Kompressen	Wundabdeckung
2 Dreiecktücher	Wundverband, Knochenbruch
1 Dreiecktuch-Krawatte	Wundverband, Transporthilfe
1 Brandwundenverband	großflächige Wundabdeckung, Sonnenschutztuch, Druckpolster für Druckverband
1 elastische Binde	Verstauchung
mehrere Verbandspäckchen	Wundverband, Druckverband
Leukoplast	Fixierung
Signalpfeife	Notsignal
Notsignalraketen	2–3 x rot = Hilfe! 1 x grün = Alles in Ordnung
Messer, Zange, Schere	Multifunktionswerkzeug
30 m Rettungsleine	Hochziehen von Rettungsmaterial
Rettungsalufolie oder Biwaksack	Wärmeschutz, optisches Notsignal
Notgroschen	Außenlandung (Rückholung)

Erste-Hilfe-Ausrüstung

der Gleitschirm wieder befreit. Bei genügend Bodenabstand fliegt er einfach weiter.
Wenn der Boden aber zu nahe ist, ist es im schlimmsten Fall sogar für den Rettungsschirm zu spät.
Ist der Gleitschirmpilot an einer Leitung verhängt, gilt es, einen drohenden Absturz zu verhindern. Die Seilbahnbetreiber oder die E-Werke müssen deshalb sofort benachrichtigt und der Betrieb bis zur Rettung unterbrochen werden.
Speziell bei Stromleitungen ist sicherzustellen, daß der Strom abgestellt wird. Grundsätzlich braucht wohl nicht betont zu werden, daß eine Selbstrettung aus der Stromleitung unsinnig und lebensgefährlich ist. An den Strommasten findet sich die Alarm-Telefonnummer der Betreibergesellschaft.
Wie die Polizei unterhält die Elektrizitätsgesellschaft eine Schnelleinsatztruppe, die innerhalb von 15 – 20 Minuten am Einsatzort ist. Diese Männer sichern die abgeschaltete Leitung mit zusätzlichen Klammern und Erdungen ab. Danach beginnt ein Rettungsverfahren, das einem Bergwachteinsatz ähnelt.
Selbstschutzmaßnahmen für Retter an Stromleitungen:
- Sich dem hängenden Unfallpiloten nicht nähern oder gar berühren.
- Sich nie abgerissenen Leitungsenden nähern (Abstand mindestens 10 m).

Flugunfälle

Die erste Maßnahme nach Kollisionen ist eine Selbstsicherung durch einen Ankerstichknoten

Maßnahmen am Unfallort

Das alpine Notsignal

- 6 x in der Minute ein Zeichen abgeben
- 1 Minute Pause
- Zeichen wiederholen

Erste Hilfe

Bewußtlosigkeit
- nicht erweckbar
- nicht ansprechbar
- keine Körperspannung
- Atmung vorhanden

Hilfe durch:
- Reinigung des Mundes
- stabile Seitenlagerung
- Wärmeschutz

Ausnahme:
- bei wahrscheinlicher oder gesicherter Verletzung der Wirbelsäule

Schwierigkeit:
- Atemwegsverlegung oder Aspirationsgefahr (Einatmen von Erbrochenem)

Freimachen oder Freihalten der Atemwege:
- Mund öffnen ohne Überstreckung des Kopfes zur Säuberung der Mundhöhle mit Finger und Kompresse
- Gefahr bei Halswirbelbrüchen

Atemnot
- eventuelle Atemgeräusche
- starke Schmerzen
- Atembehinderung, z. B. durch den Gleitschirmgurt
- Asthma
- Wirbelsäule unverletzt
- fahle, bläuliche Haut

Hilfe durch:
- Oberkörper unter 30° hochlagern
- aufsetzen und abstützen
- Brustkorb heben
- inhalieren (4–6 l/min O_2)

Atemstillstand
- keine Atembewegung (weder Brustkorb noch Zwerchfell heben bzw. senken sich)
- kein Atemgeräusch
- Blaufärbung der Haut

Hilfe durch:
- Reinigung des Mundes
- Atemspende: Kopf leicht erhöhen (eine Handbreit) und überstrecken, Atemspende ca. 15–20 x pro Minute

Kreislaufstillstand (Herzstillstand)
- Blaufärbung der Haut
- Bewußtlosigkeit
- Atemstillstand
- kein Puls, kein Blutdruck
- eventuell weite bis lichtstarre Pupillen

Hilfe durch:
- Reanimation (1 Helfer: 2 x Atemspende, 15 x Herzmassage, Wiederholungen 2 : 15; 2 Helfer: 2 x Atemspende; 5 x Herzmassage; Wiederholungen 1 : 5)

Flugunfälle

Schock
- kühle, schweißige Haut
- kalter Schweiß an der Stirn
- kalte Extremitäten
- schneller, flacher Puls; geringer Blutdruck
- Unruhe, Schwindel

Ursache: relativer oder absoluter Blutvolumenmangel durch
- Blutungen in den Bauchraum
- Blutungen in einen Bruch
- offene Blutung
- Streßreaktion

Hilfe durch:
- Hochlagerung der Beine unter 20–30°
- alternativ ca. 15°-Schräglagerung mit Tieflage des Kopfes bei Wirbelverletzung oder stabiler Seitenlage
- Gefahr bei Kopfverletzungen!

Blutungen
Eine Unterscheidung in offene und geschlossene Blutungen ist nötig.
- Geschlossene Blutungen lassen sich ohne Hilfsmittel nur schlecht bekämpfen.
- Eventuell Einblutungen bei Brüchen entgegenwirken durch Kompression und Hochlagerung (z. B. die Fliegerstiefel nicht ausziehen, Hosen belassen).

Hilfe durch:
- Blutstillung!
- Verletzung hochhalten
- eventuell Gefäß mit den Fingern zu- oder abdrücken
- Druck auf die Wunde durch Kompresse
- eventuell Druckverband anlegen
- Verband
- Schocklagerung
- falls Abbindung notwendig, diese nur mit einem breiten Band (Krawatte) vornehmen

Schädelverletzung
In der Regel ist der Kopf des Gleitschirmfliegers durch einen Helm sehr gut geschützt. Die Technik der Helmabnahme können Sie im Erste-Hilfe-Kurs erlernen.
Äußere Zeichen:
- eventuelle Blutungen aus Mund, Nase, Ohren
- Orientierungsverlust und Schmerzen
- Bewußtlosigkeit
- Übelkeit

Hilfe durch:
- Kopf hochlagern
- Oberkörperhochlagerung (Entlastung)
- Ruhe

Wirbelsäulenverletzungen
Um eine Wirbelverletzung über den Verdacht hinaus zu differenzieren, muß der Betroffene klare Angaben zu seinen Schmerzen machen können.
- eventuell Kribbeln oder ein taubes Gefühl
- Schweregefühl in den Extremitäten
- Lähmungserscheinungen

Hilfe durch:
- flache, ebene Lagerung

Höhenluft und Höhenkrankheit

- Bewegungen verhindern (stabile Immobilisation)
- Unterstützung von Beinen und Becken
- spezielle Unterstützung für Kopf und Halswirbel durch Halskrawatte (eventuell Erweiterung der Selbsthilfeausrüstung durch eine »Sam-Splint-Schiene«)

Höhenluft und Höhenkrankheit

In der Regel werden Gleitschirmpiloten durch Sauerstoffmangel nicht direkt und sofort beeinflußt. Die Piloten halten sich nach einem Aufstieg nur kurz in großen Höhen auf. Mitunter läßt die Konzentration bei längeren Flügen deutlich nach. Stundenlange Pendelfahrten zwischen 3500 m und den Niederungen hinterlassen einen Überhang verbrauchter Stoffwechselprodukte. Der Körper reguliert den Überhang spätestens nach der Landung.
Eine richtige Höhenerkrankung, wie sie die Bergsteiger kennen, ist bei den Gleitschirmfliegern nicht bekannt.
Zeichen der Beeinträchtigung:
- Reaktionsschwächen
- Müdigkeit
- Kopfschmerzen
- mitunter Unbekümmertheit bis hin zur Euphorie

Abhilfe schafft man durch sofortigen Abstieg bzw. Landung im Tal. Bei Schnupfen, Zahnschmerzen oder Ohrenentzündungen ist vom Fliegen generell abzuraten. Durch die schnel-

Durch Sturztraining lassen sich solche Situationen entschärfen

Flugunfälle

len Druckveränderungen kommt es nicht selten zu Ohrenschmerzen bzw. Verstärkung des Krankheitsbilds. Legen Sie sich lieber in die wärmende Bergsonne . . .

Notlandungen

In der Flugplanung berücksichtigt jeder gute Pilot die besten Möglichkeiten für eine Außenlandung. Außenlandungen sind Notlandungen auf Notlandeplätzen. Das Landeverfahren wird bei Außenlandungen zur Höhenabschätzung verwendet. Der Pilot wird dadurch in üblicher Form sicher landen. Zusätzliches Wissen und Übung benötigen die folgenden Notverfahren.

Baumlandung

Sollte eine Baumlandung unvermeidlich werden, empfiehlt es sich, einen bestimmten Baum auszuwählen und gezielt »anzulanden«. Über dichtem Wald oder niedrigen Latschenkiefern betrachtet der Pilot die Baumgipfel als ebenen Boden und bremst kurz vor der Berührung den Gleitschirm zur Landung.
Dabei ist zu beachten:
- Laubbäume sind starr, somit wächst das Unfallrisiko.
- Bevorzugen Sie ausladende Nadelbäume.
- Führen Sie eine Rettungsschnur mit.
- Nach der Baumlandung eine Selbstsicherung bauen. Nutzen

Sie dafür Ihren Beinstrecker, Beschleuniger oder eine extra mitgeführte Bandschlinge.
- Daher ist es sinnvoll, Bergsteigerknoten zu lernen.

In den meisten Fällen wird der Absturz aus einem Baum durch die vielen Leinen der Gleitschirmkappe verhindert. Damit hat ein Gleitschirm deutliche Vorteile gegenüber einem Drachenflieger: Hängegleiter verhängen sich nicht so einfach. Sind die Bäume klein und niedrig, steigt die Gefahr, vor dem Verhängen durchzurutschen und auf den Boden zu stürzen.
Die Bergwacht rettet bei Baumlandungen nicht mehr mit dem Hubschrauber. Es hat sich eine sichere Methode vom Boden aus durchgesetzt. Die Retter verwenden einen überdimensionalen Kleiderbügelhaken auf einer Verlängerungsstange. Mit diesem verlängerbaren Hilfsmittel erreichen sie noch sehr hohe Äste. Über die Stange weg klettert dann der Bergwachtmann gut gesichert hinauf. Der Pilot und der Gleitschirm werden an einem Seil abgelassen.
So ein Ausflug kostet je nach Gemeinde 240–350 DM.

Hanglandung

Sie können bei ausreichender Höhe den Landepunkt wie bei einer Standardlandung planen. Wichtig ist nur, daß der Pilot im Endanflug quer zum Hang driftet (Öffnung zum Tal). Kurz vor der Berührung wird der Gleit-

Notlandungen

schirm abgebremst. Das Segel wird hangaufwärts niedergelegt.
Im Steilgelände bleibt das Verfahren das gleiche. Nur hat nach dem Aufsetzen die Selbstsicherung Vorrang. Wenn möglich, verhängen Sie den Gleitschirm absichtlich. Wenn nicht, hängen Sie sich aus, sonst wird die nächste Böe lebensgefährlich.

Wasserlandung

Der Gleitschirm wird im Endanflug gegen den Wind gedreht. Der Pilot betrachtet die Wasseroberfläche als Landeboden. Der Schirm wird im letzten Moment gestallt. Die Höheneinschätzung ist allerdings sehr schwierig. Der Pilot pendelt leicht in Fahrtrichtung auf, und der Gleitschirm fällt mit gestreckten Leinen hinter ihn.
Macht es eine Fehleinschätzung notwendig, mit dem Wind ins Wasser zu gehen, wird mit mittlerer Fahrt eingetaucht. Der Pilot läßt den Gleitschirm überschießen, so daß der Wind die Leinen mit der Fahrt streckt.

Verhalten in stehendem Wasser:
In beiden Fällen schwimmt der Pilot anschließend 1–2 Meter gegen den Wind, um die Leinen sicher zu strecken. Dann hängt er sich aus oder kappt die Leinen mit dem Messer.

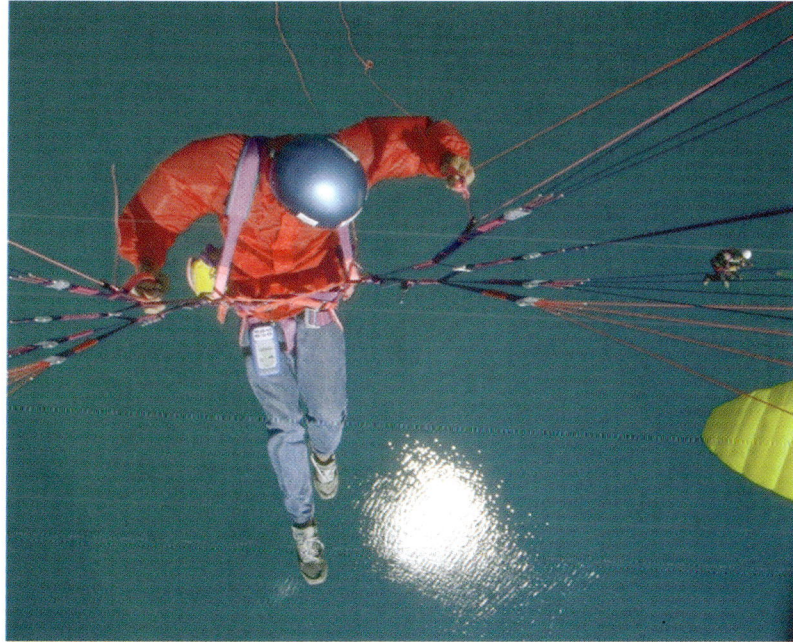

Über Wasser läßt sich die Flughöhe nur schwer abschätzen

Flugunfälle

In diesem Fall ist es wichtig, daß das Messer seitlich am Gurtzeug zugänglich ist. Das Multifunktionswerkzeug gehört in eine leicht zugängliche Seitentasche des Gleitschirmgurts. Gefährlich wird es, wenn sich der Pilot in den Leinen verhängt. Ruhige Schwimmbewegungen sind wichtig.

Verhalten in fließendem Wasser:
Eine Landung in fließendem Wasser ist lebensgefährlich. Das Flußufer oder jeder Laubbaum ist die bessere Lösung. Selbst in Bächen kann die Strömung den Piloten ertränken.
- Beinschlaufen und Brustgurt öffnen und im letzten Moment aus dem Gurtzeug springen.
- Mit dem Messer die Tragegurte kappen.

Gletscherlandung im Hochgebirge

Sehr häufig bläst knapp über dem Grund ein Gletscherwind ins Tal. Landen Sie wie gewohnt auf einem aperen Gletscherstück (ohne Firn). Im Firn steigt das Risiko, und die Höheneinschätzung wird ähnlich schwer wie über Wasser.
Nach der Landung kann es gefährlich sein, ohne alpine Ausrüstung und Wissen den Gletscher zu verlassen. Notfalls müssen Sie ein Notbiwak planen (mit der wärmeerhaltenden Rettungsdecke sowie dem Gleitschirm als Zelt).

Landefall

Fallschirmspringer wenden diese Falltechnik an, um harte Sturzlandungen verletzungsfrei zu überstehen. Sie wird in der Grundausbildung der Gleitschirmpiloten gelehrt. Ziel ist es, die Aufschlagsenergie wie eine Stahlfeder zu kompensieren.
- Füße und Beine aneinander
- aufrechte Haltung im Gurtzeug
- Knie wie beim Skifahren locker abgewinkelt
- Kopf auf die Brust, sonst kann der Hinterkopf aufprallen
- Arme und Hände schließen sich vor der Brust, nahe am Körper
- den Körper im letzten Moment stark anspannen

Die Sturzbewegung wird effektiver, wenn der Pilot die Wucht auf möglichst viel Körperoberfläche verteilt. Daher wird nach links oder rechts in die Bewegungsrichtung abgerollt. Die Last verteilt sich über:
- Füße und Beine
- seitliche Unterschenkel
- seitliche Oberschenkel
- seitlich und rückwärtig über den Rücken
- die gegenüberliegende Schulter
- die gegenüberliegende Körperseite

Diese Übung ist verletzungsträchtig und sollte daher stets unter Anleitung geübt werden.

Die Umwelt

Die Umwelt

In diesem Kapitel sollen nicht bekannte Verbote und Gesetzesgrundlagen besprochen, sondern im einzelnen die Bedenken und Interessen verschiedener Naturnutzer betrachtet werden. Es gilt, zwischen den Argumenten einen persönlichen Weg zu finden.

Pflanzen- und Tierwelt

Die hochalpinen Pflanzen sind wegen der kurzen Wachstumszeiten mehrjährige Gewächse. Ihr Nutzen liegt nicht nur in ihrer Pracht. Ihre Wurzeln bringen Halt für den erosionsgefährdeten Alpenboden. Bereits seit vielen Jahren sind diese Böden mit zunehmender Höhe sehr dünn und empfindlich. Jeder Tritt, jeder Windstoß und jeder starke Regen kann sie weiter zerstören. Die Pflanzenwelt reagiert auf diese Einflüsse. Die Regeneration braucht in der Höhe viel mehr Zeit als in den Tallagen. Bereits 100 Wanderer reichen aus, um einen kahlen Pfad in die hochalpine Vegetation zu trampeln.

Vegetationszonen

- 1700–2000 m: Mischwald, Nadelbäume, Lärchen, Zirbeln (subalpiner Wald) – Baumgrenze
- bis 2300 m: Lärchen, Zwergsträucher, Moose, Gräser, Almweiden, Latschengebüsch – Kampfzone
- bis 3200 m: Flechten, Polsterpflanzen, Almmatten bis 3000 m – Schneegrenze

Alle Alpentiere haben sich auf die extremen Bedingungen bei der Nahrungssuche eingestellt. Ihr Lebensrhythmus steht mit dem Tag, der Nacht und den Jahreszeiten im Einklang. Am meisten können Sie zu diesem Thema von einem Jäger lernen, der vom Verhalten der einzelnen Tiere viel erzählen kann.

Winter

Der generelle Nahrungsmangel der Winterzeit zwingt das Wild, mit der Energie hauszuhalten. Sie leben an geschützten Plätzen und schränken ihre Bewegungen auf ein Minimum ein. Lebensgefahr entsteht, wenn ein Tier zur Flucht gezwungen wird. Besonders gefährdet ist das Rotwild: Sein Fluchtverhalten ist ungehemmt, die aufgeschreckten Rehe kann der übermäßige Kalorienverbrauch bis zur Erschöpfung treiben. Die anschließende Erholungsphase bedeutet unter Umständen den Kältetod.
Die Einrichtung von Futterstellen soll den Forstwald vor dem Verbiß schützen. Das Rotwild würde ohne dieses Futter viele kleine Fichtenbäume abschälen, um die Rinde zu fressen. Das Überfliegen mit dem Gleitschirm vertreibt das Wild von der Futterstelle, und der Verbiß in diesen Wäldern nimmt wieder zu.
Nicht nur das Reh gehört in der Forstsprache zum Hochwild, sondern

Die Umwelt

Für den Paraglider sollte Rücksichtnahme auf die Natur eine Selbstverständlichkeit sein

Pflanzen- und Tierwelt

auch Gemsen und Steinböcke, die sich ähnlich verhalten.

Paarungszeit

Die gesetzlichen Schonzeiten im Jahreskalender der Jäger sind auf den Rhythmus der einzelnen Tiere zugeschnitten.
Alle Tiere benötigen besonders viel Ruhe in den Paarungszeiten:
- Vögel im Frühjahr (Mai)
- Hochwild im Herbst

Aufzucht und Brut

Das Forstpersonal und die Jäger halten sich von Gebieten fern, in denen die Aufzucht von Jungtieren stattfindet. Jäger markieren diese Gebiete auf Landkarten und bezeichnen sie als Einstandsgebiete. Sehr häufig finden sich diese Landkarten mit Informationen über Einstands- oder Brutgebiete an den öffentlichen Aushängen der Fluggebiete.

Nahrungszeiten

Stellen Sie sich vor, Sie haben soeben Ruhe gefunden und beißen in Ihre Brotzeit. Im gleichen Moment klingelt das Telefon, und der Anrufer verwickelt Sie in ein ärgerliches Arbeitsgespräch. Sie vergessen den Hunger. Sie springen auf und nieder, sie finden Argumente, und schließlich ist die Pause fast vorbei. Jetzt erst fällt der Hörer in die Gabel. Sie erinnern sich: der Hunger, das Brot. Und wenn Sie jetzt noch Pech hatten, sitzt Ihr kleiner Sohn mit dicken Backen an Ihrem Schreibtisch und ißt fertig – alles weg!

In der Natur bedeuten kleine Störungen, Angst oder eine Flucht den Verlust der Nahrung. Das Rotwild sucht tagsüber den Schutz des Waldes, in der Dämmerung verläßt es den Schutz zur Äsung. Paraglider dürfen zwar nach dem Luftgesetz bis zu einer halben Stunde nach Sonnenuntergang fliegen. Auch wenn es legal ist – muß es sein?
Je mehr Wissen über die Natur Sie gesammelt haben, um so sicherer können Sie Ihren Wünschen nachgehen. Gleitschirmflieger müssen nicht zum Streitpunkt werden. Sehen Sie den Bodenabstand von 150–200 m als schützenswerten Grenzbereich. In dieser Höhe achten Sie besonders auf die Bedürfnisse der Tiere.

Forstpersonal und Jäger

Förster und Jäger sind mit ihren Aufgaben oft in einer Konfliktsituation gegenüber Gleitschirmpiloten. Beide verfolgen sie Jagd- und Pflegschaftsaufgaben, sie besitzen sogar eine gewisse Exekutivgewalt. Sie dürfen im Konflikt Anweisungen erteilen, und sie müssen grobe Verstöße gegen die gesetzliche Ordnung zur Anzeige bringen.
Ein Tip erfahrener Gleitschirmkollegen ist: Verhalten Sie sich in Konfliktsituationen mit Polizei, Jägern, Bauern, Besitzern etc. betont defensiv, selbst wenn Sie sich nach eigener Einschät-

Die Umwelt

zung im Recht befinden. Emotionale Streitereien bringen festgefahrene Vorurteile auf den Plan, und ganz sicher haben die ortsansässigen Piloten darunter zu leiden. Es gibt Beispiele, daß durch den persönlichen Feldzug eines Piloten ein begehrtes Fluggebiet geschlossen wurde. Säugetiere sind anpassungsfähiger als Vögel. In diesem Zusammenhang müssen sich die Piloten der Störungen durch den Flugsport bewußt werden. Das Revier eines Luchses umfaßt ca. 500 km^2, er ist ein Wanderer. Dagegen braucht ein Auerhahn sehr kurze Wege im Wald. Brut- und Balzplatz liegen nahe beieinander. Ein vertriebener Auerhahn kann dem Trubel nicht ausweichen wie ein Luchs oder Fuchs; er wird zunächst »obdachlos«.

Jäger und Gejagte

Die Biologen unterteilen Tiere in die Kategorien Jäger und Gejagte. Sie unterscheiden sich auch in ihrer Sehfähigkeit. Der Jäger, z. B. ein Fuchs, sieht binokular, also punktgenau und in der Tiefe scharf. Der Gejagte dagegen hat Rundumsicht und reagiert, wie etwa ein Feldhase, auf Bewegung.

Durch ihre Flucht arbeiten die Gejagten die Situation ab. Gewöhnen sie sich an den Jäger und reagieren nicht mehr, sind sie verloren. Wie einen Streifschuß spürt der Hase den plötzlich auftauchenden Schatten am Himmel. Seine Reflexe reagieren auf einen jagenden Adler im Sturzflug (bis zu 200 km/h schnell). Die

Flug im Abendrot – für den Paraglider ein Genuß, für das Wild ein Streßfaktor

Gleitschirmflieger und Greifvögel

anschließende Flucht bringt den Hasen in Sicherheit – außer er hat gelernt, daß der Schatten ein harmloser Gleitschirmflieger ist. Dann wird er zur Beute des Adlers.

Gleitschirmflieger und Greifvögel

Greifvögel haben zumindest für die Brutzeit ein Revier oder Territorium, das sie für die Aufzucht der Jungen beanspruchen. Die Revierbindung ist in diesem Fall sehr stark. Am Beispiel des Steinadlers läßt sich die Störwirkung des Gleitschirmfliegers sehr deutlich darstellen.

Die Population der Adler hat sich seit vielen Jahren selbst reguliert. Ein Adler beansprucht je nach Nahrungsdichte ein 200 km² großes Territorium. Es gibt sehr eindrucksvolle Berichte, wie Störenfriede bis hin zu einer Größe eines Segelflugzeugs von Adlern angegriffen wurden. Die Tiere verteidigen ihren unmittelbaren Horstbereich; außerhalb dessen werden Reviereindringlinge auf Schritt und Tritt begleitet. Durch häufiges Eindringen in sein Revier ist der Adler anhaltend gestört. Der Fortpflanzungserfolg ist gering, der Bestand dezimiert sich.

Ein »Altadler« sieht in einem Gleitschirmflieger aber auch einen rivalisierenden Jungadler. Ist die Population der männlichen Adler sehr hoch, sind viele Jungadler gezwungen, auf Wanderschaft zu gehen. Sie geraten dadurch immer wieder mit alten, stärkeren Adlern in Konflikt und werden vertrieben. Wenn der Jüngere gewinnt, bleibt er im Revier und pflanzt sich seinerseits fort.

Unter normalen Umständen regelt den Mechanismus die Natur.

Stören um einen Horst zu viele Piloten durch Überflüge, greifen sie empfindlich in die Population der Adler ein. In einem solchen Fall müssen Maßnahmen ergriffen werden.

Besondere Flugformen

Besondere Flugformen

Start mit der Seilwinde

Sehr oft wurde in diesem Buch klar, daß die Gleitschirmausbildung ohne Berge nicht auskommt. Mit einer Seilwinde können die Piloten allerdings innerhalb kürzester Zeit an Flugerfahrung gewinnen, wenn nicht sogar ihre Alpenkollegen übertreffen. Die Ausbildung von Gleitschirmpiloten an der Winde ist in Deutschland seit 1988 erlaubt.

Windenschleppberechtigung

Für die Ausbildung kann ein Anwärter bis zu 30 Bergflüge durch Windenstarts im Flachland ersetzen. 30 Bergflüge werden durch die doppelte Anzahl, also 60 Windenflüge, ersetzt. Es verbleiben noch 10 Bergstarts bis zu den notwendigen 40 Höhenflügen.
Geschickt teilt man sich eine Flachlandausbildung in folgende Abschnitte ein:
- Grundschulung am Hügel (40 bis 100 m)
- Einführung durch Flachschlepps über Grund
- an der Winde 10–15 Flüge zwischen 100 und 300 m
- Windenflüge über 400 m
- Ausfahrt in die Berge: 10 Höhenflüge über 400 m
- falls notwendig noch weitere Übungen
- Prüfung an der Winde

Winden

Eine Winde ist eine interessante Möglichkeit, Vereinsaktivitäten zu entwickeln. Piloten, die sich zu einer Windengemeinschaft zusammenfinden, benötigen zunächst ein zuge-

Windenkommandos:

Pilot	Windenfahrer
Pilot und Gerät startklar	Winde startklar
Pilot eingehängt	Pilot eingehängt
Seil anziehen	keine Wiederholung, Seil strecken
Seil straff	Seil straff
Fertig (Aufziehen)	keine Wiederholung, leichter Seilzug
Start	keine Wiederholung, leichte Zugkrafterhöhung (hörbereit)
Start durchführen	

Doppelsitzergleitschirm

lassenes Fluggelände und das Geld für eine Winde. Die Zulassungsverfahren für Schleppgelände erfragen Sie beim DHV.
Finanzbedarf für eine Winde:
- 2–5 Jahre alt: ca. 8000 DM
- neu: ca. 16 000 DM
- Windengemeinschaften verlangen 1–5 DM pro Start

Im Flachland gibt es unzählige Klubs, die Winden besitzen. Die Adressen erhalten Sie beim DHV.

Sprechverfahren

Bevor ein Pilot zum Windenstart eingeklinkt wird, lernt er ein fest abgesprochenes Verfahren, das in jedem Moment die Sicherheit des Starts gewährleisten soll.
Windenschlepp ist Teamarbeit: Ein Startleiter hilft dem Piloten bei der Abwicklung. Ist die Startstrecke vorbereitet, übermittelt ein Funkgerät die Statusmeldungen an den Windenfahrer:
- Fluggerät (Typ, Größe)
- Pilot (Name, Gewicht)
- Seil (Zuordnung bei Winde mit Doppelseil)

Jede Information wird vom Windenfahrer wiederholt. Am Ende kommt die Bestätigung »Verstanden« oder »Wiederhole«. Die Kommandos gehen an den Windenfahrer, die Antwort wird zur Statusmeldung der Winde.
Im Notfall wird der Start abgebrochen. Der Windenfahrer läßt den Zug nach, der Pilot klinkt das Seil aus und landet. Das Kommando »Halt, stop, halt, stop« (mehrmals) bricht den Start ab.

Doppelsitzergleitschirm

Jeder Gleitschirmpilot träumt davon, daß er seine Flugerlebnisse sofort mit einem Freund teilen kann. Die Möglichkeiten des Passagierfliegens mit dem Gleitschirm wurden fast fünf Jahre in einem Erprobungsprogramm geprüft. Seit 1995 darf in den deutschen Gleitschirmschulen ausgebildet werden. Deutlich wird die besondere Verantwortung für einen anderen Menschen. Doppelsitzergleitschirmflieger (Dosi-Flieger) benötigen besondere Disziplin und Entscheidungskraft.

Flugerfahrung

Neben den fachlichen Voraussetzungen, dem Erwerb des unbeschränkten Luftfahrerscheins, muß ein Aspirant noch mehr als zwei Flugjahre mit über 300 erfolgreichen Gleitschirmflügen nachweisen. Die entsprechenden Fähigkeiten werden vor dem Ausbildungslehrgang durch einen Eingangstest geprüft. Die DHV-Vorauswahl prüft auf dem Niveau der Fluglehreraspiranten.

Passagierberechtigung

Ein zweiwöchiger Lehrgang bildet den Piloten in den speziellen Anfor-

Besondere Flugformen

Vergnüglicher Doppelsitzerflug (Zum Thema Versicherung, insbesondere Verschuldenshaftung, sei hier auf S. 96/97 besonders hingewiesen.)

Motorgleitschirm

derungen aus. Mit einer praktischen Erprobung von mindestens 30 Alleinflügen erwirbt der Pilot die Zugangsvoraussetzungen zur Abschlußprüfung. Wird sie bestanden, darf er sich »Tandemmaster« nennen. Die Berechtigung wird für 24 Monate erteilt. Eine Verlängerung ist von einer praktischen Nachprüfung abhängig.

Motorgleitschirm

Ein Motorgleitschirm wird den Ultraleichtflugzeugen zugeordnet. Die Ausbildung ist somit den Bestimmungen des Ultraleichtverbands unterworfen. Seit 1995 wird geschult. Die Piloten tragen einen Propellerantrieb auf dem Rücken und steuern den Gleitschirm wie gewohnt. Mit einer Art Wäscheklammer wird ein Gaszug betätigt und der Motor beschleunigt.

Der Start benötigt eine ausgewogene Erfahrung am Gleitschirm, denn der 20–25 kg schwere Motor kann den Piloten leicht aus dem Gleichgewicht bringen.

Wie ein Flugzeug mit Rädern tippelt der Pilot unter dem Schub des Propellers bis zur Abhebegeschwindigkeit. Der Startlauf wird von der Motorkraft unterstützt.

Zur Landung wird der Motor einfach in den Leerlauf gebracht oder abgestellt.

Motorgleitschirm

Besondere Flugformen

Gleitschirmfliegen und Bergsteigen

Generell entscheidet das alpine Grundwissen über den Einsatz eines Gleitschirms auf Bergtouren. Ausdauer läßt sich durch Lauftraining verbessern, nicht aber die Erfahrung. Achten Sie bei der Auswahl Ihrer Touren darauf, daß Sie den Flug in den Mittelpunkt stellen. Den Gleitschirm als Abstiegshilfe von den Bergen zu benützen hat sich in den Anfängen als sehr unfallträchtig erwiesen.

Wer die Herausforderung sucht, findet eine Unmenge an reizvollen Zielen quer über die Welt verteilt. Der Montblanc wurde bereits 1982 das erste Mal mit dem Gleitschirm beflogen. Heute treffen sich jedes Jahr in den frühen Sommermonaten begeisterte Gleitschirmflieger am Bergfuß und veranschlagen zwei Tage für den Aufstieg. Der Flug wird am frühen Morgen des zweiten Tages durchgeführt.

Generell ist die Reduktion von Gewicht das wichtigste bei einem solchen Unternehmen. Das fängt beim Schirm an und hört mit der Notration auf. Bewährt haben sich Schirme mit kleineren Flächen, die auch auf kleinen Plätzen und bei Starkwind zu starten sind. Neben der Hochgebirgsausrüstung läßt sich das Gurtzeuggewicht stark reduzieren. Benützen Sie z. B. Karabiner, die sich für beide Zwecke verwenden lassen (Doppelfunktion). Die Kleidung wird ganz den bergsteigerischen Bedürfnissen angepaßt. Die Sicherheitsausrüstung läßt sich nicht reduzieren, ohne ein höheres Risiko einzugehen.

Neben den objektiven Gefahren gibt es individuelle Risikofaktoren, die auf die bergsteigerische Belastung zurückzuführen sind:
- Übermüdung, schlechte Kondition
- Fehleinschätzung des Geländes
- zeitliche Fehlplanung
- Ausrüstungsmängel
- vernachlässigte Sicherheitsüberlegungen

Steigen Sie lieber einmal zu Fuß ins Tal, als daß Sie sich aus den hochalpinen Bergen retten lassen müssen. Und denken Sie daran, daß Gleitschirme in »dünnerer« Luft schneller sinken.

Adressen

Adressen

Verband

Deutscher Hängegleiterverband e.V. im DAeC (DHV)
Fachverband der Drachenflieger und Gleitsegler
Beauftragter des Bundesverkehrsministeriums
Postfach 88
83701 Gmund am Tegernsee
Tel. 0 80 22/70 31
Fax 0 80 22/79 96

Wettervorhersagen

Flugwetter DWD
Generalnummer Übersicht:
01 90/11 69 60

Segelflugwetter DWD
Generalnummer Segelflug:
01 90/11 69 40
Schleswig-Holstein, Hamburg, Lüneburger Heide: 01 90/11 69 41
Weser-Ems: 01 90/11 69 42
Mecklenburg-Vorpommern, Berlin, Brandenburg: 01 90/11 69 43
Niedersachsen: 01 90/11 69 44
Sachsen, Sachsen-Anhalt, Thüringen: 01 90/11 69 45
Nordrhein-Westfalen:
01 90/11 69 46
Hessen, Rheinland-Pfalz, Saarland:
01 90/11 69 47
Baden-Württemberg:
01 90/11 69 48
Bayern: 01 90/11 69 48

Bergwetter
Alpenwetter: 01 90/11 60 11
Zugspitz-Wetter: 01 90/11 60 11
Oberstdorf-Wetter: 01 90/11 60 13

Persönliche Flugwetterberatung
Innsbruck, gesamter Alpenraum:
00 43/5 12/17 03 44

Flugfunk Wetterinfo
Zugspitze VOLMET
130,475 MHz
Zürich VOLMET
127,200 MHz
Innsbruck VOLMET
130,475 MHz
Wien VOLMET
126,000 MHz
Zugspitze VOLMET
130,475 MHz

Flugschulen

Eine vollständige Liste aller deutschen Flugschulen erhalten Sie über den DHV.

Mehr Sport-Erlebnis

Günter D. Roth
Wetterkunde für alle
Wolkenbilder und andere Wetterphänomene, Großwetterlagen, Wettervorhersage
Alles über die Kräfte, die das Wetter machen, über Wetterkarten, typische Großwetterlagen in Europa, Ozonloch und Treibhauseffekt, Wetterdienste und -vorhersagen, Wolkenarten, Windstärken und vieles mehr.

Walter Sönning/Claus G. Keidel
Wolkenbilder, Wettervorhersage
Wetterelemente und -geschehen, Wolkenbilder und Wettererscheinungen; Interpretation von Wetterkarten, Satellitenfotos und Wetterzeichen; Tips für Wanderer, Segler und Flieger.

Norbert Auste
Mit Ausdauertraining durchs Jahr
100 Programme für Fitneßbewußte
Gesund, fit und leistungsfähig durch Schwimmen, Laufen, Radfahren und Wandern; Trainingsprogramme, Gymnastikübungen, Entspannungstechniken.

Robert van der Plas
Mountain-Bike Praxis
Auswahl, Technik, Einsatz
Aktuelle, umfassende und leicht verständliche Darstellung von Einsatzmöglichkeiten, Technik und Pflege des Mountain-Bikes mit vielen Fotos.

Hans Fuchs
Richtig Bergsteigen
Ausrüstung, Technik und Training für Bergwanderer und Bergsteiger, Sicherungstechnik, Orientierung, Gefahren, Wetterkunde.

Stefan Glowacz/Wolfgang Pohl
Richtig Freiklettern
Alle Aspekte des Freikletterns und die interessantesten Klettergebiete in Deutschland, Italien, Frankreich und USA.

Im BLV Verlag finden Sie Bücher zu folgenden Themen: Garten und Zimmerpflanzen • Edition Galleria • Natur • Heimtiere • Jagd • Angeln • Pferde und Reiten • Sport und Fitneß • Tauchen • Reise • Wandern, Alpinismus, Abenteuer • Essen und Trinken • Gesundheit und Wohlbefinden

 *Wenn Sie ausführliche Informationen wünschen, schreiben Sie bitte an:*
**BLV Verlagsgesellschaft mbH • Postfach 400320 • 80703 München
Telefon 089/12705-0 • Telefax 089/12705-543**